Français

APprenons

La quête de soi · Esthétique
Communiquer **Comparer**
Réfuter *Analyser* **Culture** **S'informer**
Discuter Défis mondiaux
Vie contemporaine
Evaluer Sciences et technologie
Famille et communauté

Elizabeth Zwanziger
Brittany Selden

Wayside
PUBLISHING

www.waysidepublishing.com

Acknowledgments

The publication of APprenons is the result of the collaboration among numerous people. We would like to express our sincere appreciation and heartfelt thanks to Mimi Jones and Andrea Henderson, by way of Toni Theisen, for laying the groundwork of many of the concepts in this volume. We want to recognize Allison Webb for her AP expertise and her contributions to the tips and tricks included in this book. We also extend our gratitude to Loïza Miles and Cristy Vogel, who reviewed and edited versions of the manuscript in various stages of the work.

The technology aspect of APprenons would not have been possible without the artistry of Victory Productions, David Johnson, Eliz Tchakarian, and Ed Higgins. Elizabeth Rench, thank you for your important contributions in seeking permissions for authentic print and audio excerpts. Brittany Waack, many thanks for your audio excerpt.

Greg Greuel, you are quite a choreographer. Your bringing this entire group together made this project come to fruition.

Printed in USA

ISBN 978-1-877653-56-8 (hard cover)
ISBN 978-1-877653-57-5 (soft cover)

Table des matières

Table des matières

Table des matières

Table des matières

caractère
se physique   date de naissance
identité   le domicile
poin   biographie   moi
nationalité caractéristiques
nnalité   histoire personnelle âge se présenter
Curriculum Vitae prénom   intérêt   personn
Information   intérêt   profession
aspiration   compétences   emploi
lieu de naissance

Je me présente

Moi et moi et moi

OBJECTIF

Etablir un profil électronique

Arnaud – Allô? Tante Béa? Bonjour, c'est Arnaud à l'appareil.

Béatrice – Allô? Tiens? Arnaud? Ça va mon chéri? Quoi de neuf?

Arnaud – Ça va, ça va... ça va même super bien... Devine ce que j'ai reçu pour mon anniv'? Tu devineras jamais....

Béatrice – euh... Je ne sais pas ce qui s'est passé. Je n'ai aucune idée... une voiture????

Arnaud – Tante Béa... ne rigole pas... tu sais bien que je n'ai pas l'âge..
Non... Maman m'a acheté un nouveau téléphone... super, le portable.. Il y a même internet et tout...
Maintenant je peux même aller sur Mybook direct de mon portable... c'est pas génial ça???

Béatrice – Attends???? Mybook? Tu es sur Mybook??? Depuis quand?? Ta mère ne m'a rien dit??? Tu n'es pas un peu jeune dis-donc????

Arnaud – Ben non... J'ai 15 ans... il faut avoir 13 ans pour Mybook.

Béatrice – Oui, mais avec tout ce qu'on entend... c'est quand même dangereux tous ces trucs là... et tes parents n'ont pas peur?

Arnaud – Tante Béa... ne sois pas ringarde... ne me dis pas que tu n'utilises pas les réseaux sociaux.

Béatrice – Non.. je t'assure.. 1... je ne comprends pas très bien à quoi ça sert... 2 j'ai un peu peur... Mais vas-y.. Explique.

Arnaud – Ben.. C'est super... Écoute.. C'est toi qui décides... D'abord tu crées un profil.. tu mets tes photos, comme ça tes amis peuvent te trouver plus facilement... tu mets tes infos personnelles, les trucs qui t'intéressent, comme tes films préférés, ta musique favorite etc. Puis tu te mets en contact avec tes amis. Ils peuvent voir tes activités, et toi tu vois leurs activités. Tu mets des commentaires sur leur page et eux ils répondent... C'est un bon moyen de communiquer... surtout avec ceux que tu n'as plus vu depuis un bout de temps.. on a même créé un groupe pour les anciens du CE2 de la classe de Monsieur Cheval... Tu te souviens de Charlotte Courtois????

Béatrice – Oui

Arnaud – Je l'ai retrouvée.. Elle habite à Lille maintenant..

Béatrice – Bon, c'est bien beau tout ça, mais comment empêcher que n'importe qui regarde tes photos et lise tes commentaires.. surtout si vous discutez de où vous allez et de ce que vous faites... tu sais cela m'inquiète un peu ..

Arnaud – Ah, mais non... pour ça.. il y a des paramètres de sécurité impeccables, que tu personnalises ... Moi je n'autorise que les gens que je connais à voir mes photos ou mes informations. Je suis prudent tu sais... et mes copains font pareil... alors dans mon fil d'actualité... je n'ai que les nouvelles de mes copains.. les gens que je connais...

Béatrice – Ah bon.. tu me rassures.

Arnaud – Si tu veux... je peux t'aider à créer ton profil.

Béatrice – On verra, on verra.

1.

Écoutez la conversation entre Arnaud et sa tante. Quel est le sujet de la conversation?

2.

Écoutez une deuxième fois et déterminez quels renseignements personnels sont trouvés sur les profils électroniques.

    a. Faites une liste des renseignements mentionnés dans la conversation.

    b. Pouvez-vous ajouter d'autres renseignements?

3.

Écoutez pour la dernière fois et répondez aux questions suivantes.

    a. Que fait-on avec les paramètres de sécurité?

    b. Quel conseil donne la tante?

4.

Avez-vous entendu quelques différences entre l'audio et le texte? Identifiez-les.

5.

Identifiez le registre qui est défini dans les phrases suivantes.

1. Ce registre est généralement employé à l'oral avec des amis. Toutes les syllabes ne sont pas nécessairement prononcées. Les règles de grammaire ne sont pas toujours respectées.

2. Ce registre est surtout employé à l'écrit, notamment dans les correspondances officielles et dans les textes littéraires. Le vocabulaire est plus riche et les règles grammaticales sont parfaitement respectées.

3. Ce registre est employé pour les documents et les conversations ordinaires. Il est utilisé à la radio et à la télévision. Le vocabulaire est usuel et les règles grammaticales sont habituellement respectées.

6.

Préparez-vous.

1. Comment vous présentez-vous dans les médias sociaux? Quels types d'informations utilisez-vous?

2. Qu'est-ce qu'un profil? Quelles sortes de renseignements met-on dans un profil?

3. Qu'est-ce que "le mur"? Quelles sortes de renseignements met-on sur un mur?

POINT CULTURE

Allons plus loin. Vous connaissez déjà la différence entre *tu* et *vous* en ce qui concerne le niveau de formalité. Mais saviez-vous qu'il existe trois principaux registres de langue?

1. Registre soutenu : *Elle prend congé.*

2. Registre courant : *Elle s'en va.*

3. Registre familier : *Elle se casse d'ici.*

On peut entendre ou voir ces trois registres dans les films, dans les livres, à la radio, etc. mais pour réussir aux grands examens de français, les étudiants utilisent (normalement) le registre courant.

La Source: http://www.enseignons.be/secondaire/preparations/ 2981-registres-de-langue

Mybook

Rechercher 🔍

Arnaud | amis | home

Le profil d'Arnaud

des Informations Générales

Nom:	Arnaud Monet
Lieu de naissance:	Lyon, France
Date de naissance:	le 10 octobre
Âge :	15 ans
École:	Collège François Truffaut
Nationalité:	français
État Civil :	célibataire
Cheveux :	courts, bouclés, noirs
Yeux :	bleus
Taille :	moyen...ni grand ni petit
Intérêts:	le foot, la musique moderne, les filles, l'anglais et l'espagnol, ai-je déjà dit le foot ?

Mur

Arnaud et Haylie sont devenus amis

Arnaud, j'ai quelques élèves qui cherchent des amis français...
Mme Dumas

Arnaud a laissé un message sur le mur de Julien Dupont.
Arnaud fait maintenant partie du groupe: Les fans de Jacques Dutronc

Salut mon vieux, Q29 ? As-tu gagné hier soir ?
Gaston

Veux-tu jouer avec mon équipe mercredi ?
Isaac

J'ai suivi ton conseil et j'ai créé un profil électronique !
Bises – Tante Béa
Isaac

Amis (369)

Groupes

L'équipe de Lyon
Les fans du chocolat
Le collège François Truffaut
Les anciens du CE2
Les fans de Johnny Hallyday
Les fans de Jacques Dutronc

7. ✏️ ECRIRE

Avez-vous compris?

1. Qui est Haylie? Décrivez-la en trois ou quatre phrases complètes.
2. Qu'est-ce qui s'est passé récemment entre Haylie et Arnaud?
3. Quels sont les intérêts de Haylie et d' Arnaud?
4. Qui a donné l'idée à Haylie d'utiliser le français comme langue principale pour son profil?
5. En quelle saison Haylie est-elle née? Et Arnaud? Fait-il chaud ou froid pour leur anniversaire?

Le Profil de Haylie

Nom:	Haylie Anderson
Lieu de naissance:	Seattle, Washington
Date de naissance:	le 21 janvier
Âge :	16 ans
École:	Lycée de George Washington
Nationalité:	américaine
État Civil :	célibataire
Cheveux :	longs et marron
Yeux :	marron-verts
Taille :	petite
Intérêts:	le français, la musique moderne, les photos, le ballet

Amis (493)

Mur

> Salut ma nouvelle amie, as-tu déjà visité la France ?

Arnaud

Haylie et Arnaud sont devenus amis
Haylie a changé sa langue au français

> Haylie, tu peux changer la langue de ton profil si tu veux ! As-tu rencontré mon cousin, Arnaud ?

Mme Dumas

> Merci Madame ! Je vais essayer

Haylie

> I am so glad we have French together this year with Mme Dumas !
> À demain mon amie!

Amanda

POINT RAPPEL

Vous souvenez-vous que les adjectifs doivent s'accorder avec les noms qu'ils qualifient?

MASCULIN	FÉMININ
américain	...
...	belle
petit	petite
français	...
marron	...*
orange	...*

Les adjectifs qui sont aussi des noms sont neutres et ne s'accordent pas.

---

8. 🖊 **ECRIRE**

Réfléchissez.

1. Utilisez les profils de Haylie et Arnaud comme modèles, puis présentez-vous à la classe.

2. Quelles sont les qualités que vous avez en commun avec Haylie et/ou Arnaud?

3. Cherchez-vous des amis francophones dans les médias sociaux? Pourquoi, ou pourquoi pas?

9. 🖊 **ECRIRE**

En utilisant les profils électroniques comme modèles, créez une page MyBook pour votre personnalité française.

Déterminer sa personnalité

1.  ECRIRE    PARLER

Préparez-vous.

1. Comment décrivez-vous votre personnalité?

2. Avec quelles personnalités travaillez-vous le mieux? Et le moins bien?

3. Quel genre de profession avez-vous envie de poursuivre? Pourquoi?

À LA DÉCOUVERTE DE QUI JE SUIS:
Les quatre faces d'une personnalité!

En procédant ligne par ligne, cotez chaque mot ou expression de 1 à 4, en fonction de l'importance que vous lui accordez.
1 = le plus important à vos yeux, 4 = le moins important à vos yeux

Additionnez les points dans chaque colonne. Encerclez la note la plus basse. La note la plus basse révèle votre COULEUR PRINCIPALE.

Être prêt		Soyons tous copains		Mettre au point des façons de faire nouvelles et plus logiques		Vivre le moment présent. A chaque jour suffit sa peine.	
Dire aux gens ce qu'ils devraient faire		Parler et socialiser avec les gens		Comprendre et analyser les comportements d'autrui (d'autres gens)		Analyser les comportements d'autrui (d'autres gens)	
Épargner, faire un budget		Donner		Rendre des comptes		Dépenser	
Mener		Être en relation		Planifier		Explorer	
S'organiser		Être aimé et accepté		Être correct et compétent		Se lancer spontanément dans l'action	
TOTAL BRUN		**TOTAL BLEU**		**TOTAL VERT**		**TOTAL ROUGE**	

2.  PARLER ECRIRE

Avez-vous compris?

1. Quelle couleur vous définit selon le quizz? Êtes-vous d'accord?

2. Quels sont vos atouts et vos défauts?

3. Pouvez-vous deviner la couleur de votre professeur de français?

3. **LIRE** **PARLER** Discutez des phrases suivantes avec votre groupe. Classez-les par couleur.

J'ai une imagination vive, puissante et créative – qui met du piquant dans mes affirmations.

J'aime écouter et lire entre les lignes les messages que (nommez la personne) m'envoie.

J'aime structurer méthodiquement des interventions

Je regarde avant de plonger. J'adore envisager de nouvelles possibilités.

Je suis « électrique ». Les gens me respectent et me suivent.

Je suis le meilleur – un vrai gagnant.

Quand je m'y mets, j'obtiens (précise : de nouveaux membres... une plus grande participation à... un ordre du jour précis....).

J'ai toujours l'air gai et je souris à toutes les personnes que je rencontre.

J'aime présenter les gens et les mettre à l'aise.

J'aime vivre pleinement dans le moment présent.

Je surmonte sans difficulté la fatigue, la faim et la douleur durant ma montée vers le sommet.

J'oublie les erreurs du passé et je vois comment améliorer l'avenir.

Je me montre chaleureux, gentil et courtois avec (nommer la personne).

Je ne considère que le bon côté des choses en véritable optimiste.

Je partage mes biens et mes compétences avec mes congénères.

Je prends le temps d'aider (nommez la ou les personnes) pour le simple plaisir d'être utile.

Je suis une personne positive, heureuse et gaie.

Je tire une grande fierté de mes rapports honnêtes et ouverts avec (nommez la personne).

Les gens ont toujours du plaisir avec moi.

Ma clairvoyance et ma capacité de réflexion m'aident à découvrir de nouvelles façons de faire qui sont bien meilleures.

Qu'on me confie (précise : un concours... les finances... le bulletin...) me procure un sentiment de pouvoir.

4.  **PARLER**

Vous avez trouvé un sac abandonné qui contient un million d'euros. Qu'est-ce que vous en faites? Votre professeur va vous donner une couleur qui représente votre personnalité. Préparez une réaction qui correspond à cette couleur et présentez-la à la classe.

5.  **ECRIRE**

Choisissez un super-héros et expliquez quelle couleur de personnalité lui correspond. Expliquez pourquoi en utilisant du vocabulaire et des phrases venant des activités précédentes.

6. **LIRE** **ECRIRE**

Réfléchissez en utilisant trois nouveaux mots/nouvelles phrases (au minimum) des activités précédentes.

1. Comment vos résultats influencent-ils votre choix d'un futur métier?

2. Comment vos résultats influencent-ils votre choix d'un futur époux ou d'une future épouse?

3. Selon vos résultats, avec quels camarades de classes devriez-vous travailler? Pourquoi?

OBJECTIF
Se présenter de manière professionnelle

Arnaud MONET

13, rue de l'Alma
69001 Lyon

Tel: 04 72 04 06 27 85

Mail: amonet@email.fr
jmlefoot@apprenons.fr

FORMATION

Étudiant en 3ème au   Collège François Truffaut
4, Place Lieutenant Morel
69001 LYON
04 72 98 01 60

COMPETENCES CLES

Informatique
- Maîtrise des logiciels Word, Excel et PowerPoint
- Bloggeur et utilisateur de plusieurs réseaux sociaux

Connaissances linguistiques
- Anglais: Connaissances de base

EXPERIENCES PROFESSIONNELLES

Juillet 2011:   Caissier   Quick
367 Avenue Garibaldi
69007 LYON

Aout 2011:   Déménageur   Déménagements Monet
29 crs Bayard
69002 LYON
04 78 37 25 80

CENTRES D'INTÉRÊTS

Scoutisme
Sports (football et tennis)
Musique (guitare classique et électrique)

---

1. **LIRE**   ECRIRE

Préparez-vous

1. Quel genre d'informations doit-on inclure dans un curriculum vitae (CV)?

2. Y-a-t-il plusieurs genres de CV? Quels sont-ils?

3. Quelles difficultés les jeunes étudiants rencontrent-ils quand ils créent leur CV?

2. **LIRE**   ECRIRE

Avez-vous compris?

1. Quelle est l'année de naissance d'Arnaud?

2. A-t-il déjà travaillé? Dans quels domaines?

3. Quels sont ses centres d'intérêts?

4. A votre avis, quel est l'atout le plus impressionnant d'Arnaud?

5. Arnaud est-il plutôt artiste ou plutôt sportif? Expliquez votre réponse.

POINT CULTURE

Comme on peut le constater en regardant le CV d'Arnaud, il y a plusieurs différences entre les éléments requis dans les CV français et CV américains.

Les deux éléments les plus «surprenants» d'un point de vue américain sont sans doute la présence d'une photo d'identité ainsi que celle de la date de naissance complète du candidat sur les CV français; deux éléments qui ne sont presque jamais soumis aux États-Unis.

---

3.  **SE CONNECTER**

Allez plus loin sur notre site!

4. **ECOUTER**   ECRIRE

Ecoutez et écrivez les numéros de téléphone.

5.  **ECOUTER**   **PARLER**

Écoutez les messages et écrivez-les.

Nom:	Numéro de téléphone:	Message:

6. ECRIRE

En utilisant le CV d'Arnaud comme modèle, créez un CV pour une personne imaginaire ou pour vous-même.

POINT RAPPEL

Savez-vous comment donner un numéro de téléphone en français?

Faites des groupes de deux, par example: 01 43 12 22 22. Soyez sûr de révisez vos chiffres de 0 à 99!

TÉLÉ RÉALITÉ

Ville: Lille

TV9 cherche des étudiant(e)s de 15 à 18 ans qui veulent étudier en France

- Étudiez-vous au lycée?
- Êtes-vous parent d'un adolescent qui voudrait étudier à l'étranger?
- Voulez-vous devenir célèbre?

Quelle que soit la situation, si vous voulez étudier en France, nous voulons vous connaître! C'est l'occasion de partager votre histoire unique avec le monde!

Si vous ou quelqu'un que vous connaissez a une personnalité chouette et une bonne histoire, envoyez-nous VOTRE VIDÉO TOUT DE SUITE (via email)! Soyez certain d'inclure qui vous êtes, votre histoire personnelle, ce que vous voulez faire à l'avenir, ainsi qu'une brève description des raisons pour lesquelles vous voulez participer. Vous allez devenir célèbre!

POINT RAPPEL

Le temps	Le passé composé	L'imparfait	Le futur proche
La Structure	VA + PP (verbe auxiliaire + participe passé) VA = avoir ou être	nous – *ons* + terminaison les terminaisons: ais ions ais iez ait aient	aller + l'infinitif
Les Irrégularités	Quels sont les verbes qui prennent le verbe être?	Quel est le seul verbe irrégulier?	
L'emploi	un changement/une action complète	une action qui dure/une description	une action qui va arriver
L'exemple	Nous **sommes partis**.	Quand j'**étais** jeune…	je **vais être**

7.  LIRE

Lisez l'affiche et répondez aux questions suivantes.

1. De quoi s'agit-il sur l'affiche?
2. Qui est l'audience?
3. Qu'est-ce qu'il faut faire selon l'affiche?

8. ECOUTER LIRE

Écoutez l'audio en lisant le texte.

> Je m'appelle Oudry et je suis né `a Kinshasa donc, je viens de la République démocratique du Congo. En 1998, quand j'étais très jeune, il y avait une guerre terrible en Afrique, et mon père est décédé. Nous sommes immédiatement partis. Actuellement, j'habite en Suisse avec mes cousins, ma tante et ma mère. J'ai dix-sept ans et j'adore la télé-réalité. Chez moi, nous la regardons tous les soirs, et je préfère les émissions dingues des États-Unis. Je ne suis pas du tout comme eux, je suis un étudiant dévoué et j'aime vivre pleinement le moment présent. J'ai une imagination vive, puissante et créative. Je veux participer `a cette émission de télévision réalité pour avoir un nouvel « événement important » dans ma vie. Quand j'ai perdu mon père, je pensais que ma vie ne serait jamais la même. Maintenant, j'ai la chance de le rendre fier de moi en représentant notre famille face au monde entier. Je suis votre candidat idéal.

9. LIRE ECRIRE

Identifiez les temps suivants dans le passage.

1. le passé composé
2. l'imparfait
3. le futur proche

10. ECRIRE

Vous voulez envoyer une vidéo d'audition pour une émission télé-réalité. Expliquez qui vous êtes, où vous êtes né(e), ce que vous voulez faire dans l'avenir, et pourquoi vous voulez y participer.

Préparez-vous pour l'examen

Interpretive Communication: Print Texts

TIPS AND TRICKS CHECKLIST

Chapter	Tip	Trick
0	Pre-read	Pre-read title and introduction to make predictions
	Overcome unknown vocabulary	Use prefixes and suffixes
		Look for familiar etymology
		Read every day
1	Read quickly	Identify the 5 Ws
	Read critically	Identify the register
2	Find your reading purpose	read questions ahead of time so you can read with purpose
	Connect the passage to the purpose	underline key sentences
3	Don't overlook the details	Don't leave answers blank
		Look for synonyms in answers
		Watch out for exclusive answers
		Don't pick the most complicated answer

TIP: PRE-READ

Trick: Pre-read title and introduction to make predictions

Don't immediately begin reading the passage – there are two secret sources for helpful information that most students skip over: the title and the introduction. Be sure to read these so you can predict the content of the passage.

TIP: OVERCOME UNKNOWN VOCABULARY

Trick: Use prefixes and suffixes

Many students already rely on prefixes and suffixes without ever realizing it. The following tables will supplement your knowledge and help you polish your word recognition skills.

Prefixes attach to the beginning of the word to alter its meaning. By knowing three rules, you may be able to accurately guess the definition or the connotation of a word you have never seen before.

PREFIX	ENGLISH	EXAMPLES
a- **an-** (before h or vowel)	Negation, lacking, loss	*anormal* *anhistorique*
in- **im-** (before b, m, or p) **il-** (before l) **ir-** (before r)	Show opposite	*inacceptable* *immature* *illégal* *irrégulier*
re- **res-** verb starting with s **ré-** or **r-** (before vowel, ch, or h)	Repetition, reinforcement.	*redéfinir* *ressembler* *rappeler* *réchauffer*

LIRE **ECRIRE**

Read and guess the English equivalent.

1. illogique
2. indécemment
3. imbrûlable
4. illisible
5. irrationnel
6. rejoindre

7. réattaquer
8. inachevé
9. impartialité
10. inconscient
11. asexué
12. remarier

13. revenir
14. remercier
15. rentrer
16. ressortir

Suffixes attach to the end of nouns and adjectives. By knowing the English equivalents, you may be able to accurately guess the definition of a word you have never seen before.

SUFFIX	PART OF SPEECH	ENGLISH	EXAMPLES
-ain, -aine (f)	adjective	-an	*africain, cubain*
-aire, -erie (f)	noun adjective	-ary, -ery, -ing	*fonctionnaire, tracasserie, loterie, niaiserie, mièvrerie,* *planétaire, unitaire, bancaire,*
-ais, -aise (f), -ois, -oise (f)	adjective	-ese	*français, marseillais, chinois, niçois*
-aison (f)	noun	-eason, -ison	*salaison, déclinaison, saison*
-al, -ale, -el, elle (f)	adjective	-al	*tropical, patronal, théâtral, formel, émotionnel*
-ard (m), -arde (f)	noun	-ard	*braillard, traînarde*
-ateur (m), -atrice (f)	noun	-ator	*ventilateur, perforatrice*
-atique	adjective	-atic	*dogmatique, prismatique, problématique*
-é, -ée (f), -ie	noun (feminine) adjective	-y, -ey	*modestie, économie, bergerie, boulangerie, cuillerée, folie* *rosé, feuillé, azuré, préféré*
-éen, -éenne (f), -ien, -ienne	adjective	-ian	*herculéen, européen, italien, parisien*
-ement, issement	noun (masculine)	-ment, -ishment	*groupement, agrandissement, gouvernement*
-eur (m), -euse (f), -eresse (f), -rice (f)	noun	-or (-our)	*pâleur, envoyeur, coiffeuse, enchanteresse, actrice*
-eux, -euse	adjective	-ous	*paresseux, ferreux, délicieux, ambitieux, tumultueux*
-ien, -ienne (f), -ique, -(a)ïque	noun (masculine) adjective	-ic (-ique), -aic	*mécanicien, jurassique* *bouddhique, judaïque, géométrique, scénique*
-ier (m), -ière (f)	noun	-er, -ery	*roulier, févier, épicier, salière, verrière*
-if, -ive	adjective	-ive	*offensif, combatif, explosif*
-oir (m), -oire (f)	noun	-ory, -ery	*nageoire, boudoir*
-té, -eté, -ité (f)	noun	-ty, -ety, -ity	*beauté, solidité*

Read and guess the meaning of the word.

Modèle: disquaire

We identify *–aire* as *–ary*, *-ery*, or *-ing* in English. We also recognize the stem of the word as disk, a word for CD or record. This leads us to diskery, diskary or disking. This makes us think of a place for CDs or the production of CDs. From there we can guess a music store or a place that has something to do with records.

The correct answer is a music store.

1. désastreux
2. propreté
3. fautif
4. fourberie
5. matinée
6. sucrier
7. balayeur
8. pommier

TIP: OVERCOME UNKNOWN VOCABULARY

Trick: **Look for familiar etymology**

Practice creating word families (nouns, adjectives, adverbs, verbs, opposites)

Example: happy, happy, happily, happiness

Exemple: un chanteur/chanteuse, une chanson, chanter, un chant, une chansonnette

Look at the given word. If you do not know the definition, formulate a guess. Then create a word family list for that word, altering it with various suffixes.

Modèle: dessin (noun, drawing) > dessiné(e) (adjective, drawn), dessiner (verb, to draw), dessinateur/trice (noun, person who draws)

1. coureur
2. gagné
3. sculpter
4. parleur
5. naïf
6. trahison
7. blog
8. facilité
9. sauté
10. destination

TIP: READ QUICKLY

Trick: **Read every day**

First you need to work on speed reading in French. As difficult as that sounds, you can do it. Read in French every day at home and at school so you become a faster reader. Do not try to read AP materials in your free time. The content that you read has no effect on your speed. Find something that interests you and read about it in French. Follow some pop culture blogs, read online magazines and newspapers, or find some French groups through your social networks.

C'est à vous

Complete the task while strategically answering questions based on the tips and tricks provided in this lesson.

The following text is accompanied by a number of questions. For each question, choose the response that is best according to the selection.

La sélection suivante est accompagnée de plusieurs questions. Pour chaque question, choisissez la meilleure réponse selon la sélection.

Introduction : La sélection suivante est est un extrait d'une biographie d'un jeune parisien avec un emploi très intéressant. Sa biographie a été publiée sur http://www.reussirmavie.net/Laurent-Jamet-realisateur-il-filme-l-emotion-des-sports-extremes_a1072.html.

Laurent Jamet, réalisateur: il filme l'émotion des sports extrêmes

Il vient de recevoir le prix du «meilleur réalisateur espoir» au festival de films de freeride de Saint–Lary pour son documentaire sur les skieurs professionnels, «Invincibles». A 25 ans, Laurent Jamet tente de transformer sa passion du cinéma et des sports extrêmes en aventure professionnelle. Portrait.

Ligne

5   Pas facile d'attraper cet oiseau voyageur qui, en quelque semaines, passe du Canada à la Slovénie puis s'envole à nouveau vers l'Argentine. Au départ, Laurent n'était pourtant qu'un lycéen parisien passionné de cinéma et de ski. Mais là où d'autres se contentent de rêver, lui fonce et rentre dans une école de cinéma en trois ans, l'Ecole supérieure de réalisation audiovisuelle (Esra). Cursus qu'il interrompt au

10   bout de deux ans pour partir en Australie. «J'étouffais à Paris, alors je suis parti là-bas pour apprendre à surfer», raconte Laurent, fan de glisse, de sport et d'émotions fortes. «Je suis resté huit mois au même endroit pour surfer tous les jours entre des jobs dans un zoo et dans un restaurant».

Seul problème... le ski lui manque, alors l'oiseau migrateur s'envole à nouveau pour

15   la Nouvelle-Zélande, où il rejoint les skieurs venus chercher la neige durant l'été de l'hémisphère nord. «Là-bas, j'ai vite fait connaissance de la petite communauté de skieurs professionnels, et j'ai gagné leur confiance. C'est là que j'ai connu tous ceux avec qui je travaille aujourd'hui!».

Quand la passion du ski vous redonne le goût de vivre

20   Scène 3, le jeune réalisateur rentre à Paris. Car s'il aime l'aventure, il est persévérant et veut concrétiser son rêve de faire du cinéma. Il termine donc son école, obtient son diplôme, et commence à tourner de petits films de ski avec les moyens du bord. L'une de ses premières réalisations est une vidéo promotionnelle pour une marque de vêtements lancée par un ami. «C'était 35 minutes de ski freestyle, et cela m'a fait

25   connaître dans le milieu du ski, raconte Laurent Jamet. Une première carte de visite même si ça ne m'a pas rapporté un sou!»

«Puis j'ai rassemblé tous mes amis de freestyle, et leur ai proposé de faire un documentaire sur la vie des skieurs professionnels. Je sortais à l'époque d'une rupture amoureuse et ma passion pour le ski m'avait redonné goût à la vie. J'ai voulu explorer ce thème de la passion capable de guérir une blessure. Les sportifs traversent en fait beaucoup d'épreuves, mais leur passion, le ski, peut les aider à se redresser, à regarder à nouveau vers l'avenir». A l'arrivée, cela donne «Invincibles», un documentaire d'1 heure 7 minutes, qui mêle images de ski, émotions et témoignage de skieurs professionnels.

Meilleur réalisateur espoir à Saint-Lary Soulan

Reste à le présenter. Fin 2010, Laurent fait tous les festivals de films de sports extrêmes et de montagne. Après un échec à Montréal («le public était anglophone et le film en français»), il est applaudi à Annecy, en Argentine, en Slovénie, et décroche le prix du meilleur réalisateur espoir à Saint-Lary. Sans compter une diffusion en boucle la nuit du 31 décembre sur la chaîne Equipe TV.

«*Invincibles* est un vrai succès auprès du public, reconnaît son réalisateur, et cela m'a redonné du courage après tous les déboires du tournage du film et le mauvais accueil à Montréal».

1. Laurent Jamet est parisien. Que dit-il à ce sujet?
   a. Paris est la plus belle ville du monde.
   b. Il vient de Paris, mais il avait vraiment envie de quitter la ville.
   c. Il ne se déplace pas beaucoup en dehors de sa ville.
   d. Il n'y a que des soirées à Paris.

2. Quel adjectif décrit le mieux ce jeune réalisateur?
   a. passionné
   b. sérieux
   c. stable
   d. économe

3. Pourquoi peut-on appeler Laurent un oiseau migrateur?
   a. Il a travaillé dans un zoo.
   b. Il a étudié les oiseaux migrateurs à l'Ecole supérieure.
   c. Il est attiré par les voyages à l'étranger.
   d. Il voit des oiseaux en faisant du ski.

4. Dans son film «Invincibles», de quoi s'agit-il?
   a. des super-héros
   b. de l'accueil à Montréal
   c. d'une marque de vêtements
   d. des histoires racontées par des skieurs

5. La première fois qu'il a fait un film, quel était le résultat?
   a. Cela ne lui a pas rapporté d'argent.
   b. Le public n'a pas apprécié son film.
   c. Il a été viré.
   d. Il s'est décidé à faire seulement des films anglophones.

TIPS AND TRICKS CHECKLIST

Chapter	Tip	Trick
0	Pre-read	Pre-read title and introduction to make predictions
		Read questions ahead of time
	Find your purpose	Underline key sentences
1	Connect the passage to the purpose	Take detailed notes on the audio
	Read quickly	Know the test instructions by heart
2	Manage your time wisely	Answer passage-specific questions first
		Refocus during the pause between readings
		Don't panic
		Don't leave answers blank
3	Don't overlook the details	Look for synonyms in answers
		Watch out for exclusive answers
		Don't pick the most complicated answer

TIP: PRE-READ

Trick: Pre-read title and introduction to make predictions

Many students skip the title and introduction, but these two short sections can really help you set the stage for understanding the passage. You will get a sneak peek of the content and should be able to make predictions about the passage.

TIP: FIND YOUR PURPOSE

Trick: Read questions ahead of time

As soon as you are instructed to turn the page, begin absorbing information. You do not need to listen to the instructions because you already know them. While the narrator reads «*Vous aurez X minutes pour lire la source numéro 1*», you should pre-read the introduction, title and questions. Identify the main word next to each question itself. For example, in the case of «*Quel est le but de l'article?*», you would write **goal** or **but** next to that question to give your self a keyword-based short version of the question.

The most common multiple choice question topics are **goal, cultural connection, comprehension, register, definition,** and **tone.**

ÉCRIRE

C'est à vous

Complete the task while strategically answering questions based on the tips and tricks provided in this lesson.

<table>
<tr>
<td>

You will read a passage and listen to an audio selection. For the reading selection, you will have a designated amount of time to read it. For the audio selection, first you will have a designated amount of time to read a preview of the selection as well as to skim the questions that you will be asked. The selection will be played twice. After listening to the selection the first time, you will have 1 minute to begin answering the questions; after listening to the selection the second time, you will have 15 seconds per question to finish answering the questions. For each question, choose the response that is best according to the audio and/or reading selection and mark your answer on your answer sheet.

</td>
<td>

Vous allez lire un passage et écouter une sélection audio. Pour la lecture, vous aurez un temps déterminé pour la lire. Pour la sélection audio, vous aurez d'abord un temps déterminé pour lire une introduction et pour parcourir les questions qui vous seront posées. La sélection sera présentée deux fois. Après avoir écouté la sélection une première fois, vous aurez 1 minute pour commencer à répondre aux questions; après avoir écouté la sélection une deuxième fois, vous aurez 15 secondes par question pour finir de répondre aux questions. Pour chaque question, choisissez la meilleure réponse selon la sélection audio ou la lecture et indiquez votre réponse sur votre feuille de réponse.

</td>
</tr>
</table>

Source 1:

Introduction: La sélection suivante est un extrait du document L'Identité Manifeste et parle de l'identité québécoise. Le document date de 2009 et vient du site: http://identitequebecoise.org/L-Identite-Manifeste.html

Nous sommes en présence d'une identité manifeste (manifeste: caractère de ce qui ne peut être nié), une identité forte de ses 400 ans d'histoire, une identité qui, somme toute, *«ne sait pas mourir»*.

Grand et vaste fleuve propre à porter nos projets, l'identité québécoise ne s'est pas formée par la volonté du Saint-Esprit. De toutes les rivières qui l'alimentent, ne nommons que les plus évidentes: autochtones, françaises, anglaises, canadiennes, irlandaises, écossaises, italiennes, juives et autres sources plus récentes.

Ligne

5

Est-ce à dire que tout est fixé d'avance? Au contraire!

Les commentateurs de notre histoire ont vu en Jeanne Mance une pieuse colonisatrice. Ils ont ensuite vanté les mérites du corsaire impitoyable qu'était Pierre d'Iberville. Ils ont plus tard fait le portrait d'un peuple à la courte vue, replié dans son quant-à-soi, avec des personnages tels que Séraphin Poudrier.

10 De Canayens à Canadiens à *French Canadian* à Canadiens français à Québécois...

Que de changements d'attitudes!

L'identité collective telle que nous la concevons est un système de références en continuel redéploiement, un système qui demande, à chaque génération, une réactualisation de sa dialectique.

Notion complexe d'entre toutes, l'identité n'est pas pour nous une liste d'épicerie ni le top cinq de nos naufrages appréhendés. Pas

15 plus qu'il ne saurait être question de répéter le mantra habituel: à savoir que nous sommes francophones, laïques, pacifiques, que sais-je... Notre vision se déploie en apnée, dans les zones troubles de la conscience humaine. Notre vision se déploie en altitude, portée par nos déraisons communes.

Pour nous, l'identité québécoise s'incarne à travers toutes les manifestations culturelles de la nation, qu'elles soient grandes ou petites, banales ou extraordinaires. Dans nos fiertés comme dans nos travers, par la bouche de Céline ou de Mailloux, de Lepage ou de Mara. Par le geste habile du flécheur. Par le poing pesant de la boulangère.

Un pays se réinvente à chaque dégénération, par le labeur de ses habitants. Le récit de nos origines reste encore et toujours à préciser, notre culture, à parfaire. Il n'y a pourtant pas une seconde à perdre... Nos projets d'avenir, nombreux sur le tarmac, ne demandent qu'à décoller. Quels thèmes choisir? Environnement, réussite individuelle, justice sociale, indépendance... Quels désirs embraser!

À une autre époque, alors qu'il s'adressait aux gens de sa propre génération, Victor-Lévy Beaulieu posa le choix crument:

«L'écrivain québécois actuel a deux choix: ou il tourne carrément le dos au passé et s'invente totalement un présent, donc un futur, ou il croit suffisamment aux choses qu'il y a derrière lui, s'y plonge, les assimile, leur donne un sens nouveau, celui d'une oeuvre qu'il bâtit en fonction du nouvel univers qu'il voudrait voir s'établir ici.» [1]

De ces deux voies, nous empruntons la seconde.

Auteur: Philippe Jean Poirier;
cosignataires: Simon Beaudry, Mathieu Gauthier-Pilote, Alexandre Faustino.

[1] Extrait tiré du Devoir, 13 janvier 1973.

http://identitequebecoise.org/L-Identite-Manifeste.html - forum

Source 2: Sélection Audio

Introduction: Dans la sélection audio il s'agit de l'identité québécoise. Bertrand, un québécois, se fait interviewer par une Américaine sur sa vie au Québec (© Brittany Waack). L'interview date de 2012 et vient du site:

1. D'après l'extrait écrit, de quoi les Québécois du 21e siècle, sont-ils les plus fiers?
   a. d'être canadiens
   b. de leurs grands auteurs et artisans
   c. de leurs épiceries où l'on vend des spécialités québécoises
   d. de leur capacité de se souvenir du passé tout en se réinventant pour l'avenir

2. Quel est le sujet principal de la sélection audio?
   a. le sport national du Québec
   b. le ski nordique
   c. l'école
   d. la musique

3. Quel est l'objectif de la sélection écrite?
   a. argumenter
   b. convaincre d'autres gens de venir vivre au Québec
   c. s'exprimer au sujet de la québécitude
   d. attaquer les adversaires

4. Selon le passage, l'identité québécoise provient
   a. des gens de nombreuses origines
   b. du Saint-Esprit
   c. d'un fleuve
   d. de l'alimentation

5. Parmi tous ceux qui ont peuplé le Québec, lequel de ces groupes a été non-anglophone et non-francophone à l'origine?
   a. les colonisateurs
   b. les autochtones
   c. les écossais
   d. les irlandais

6. Pourquoi Bertrand se considère-t-il un orphelin?
   a. il travaille avec des enfants
   b. il n'a pas d'enfants
   c. il n'a plus ses parents
   d. son équipe de hockey a déménagé

TIPS AND TRICKS CHECKLIST

Chapter	Tip	Trick
0	Identify the register	Choose tu or vous
	Begin and end well	Practice your introductions
		Practice your closing
1	Use your time wisely	Block your time
	Address the question posed	underline the question/request
2	Elaborate, elaborate, elaborate	Provide lots of details
		Highlight your knowledge
		Choose varied vocabulary
3	Give a polished answer	Use idiomatic expressions

TIP: IDENTIFY THE REGISTER

Trick: Choose *tu* or *vous*

It is more than likely that your email response will be formal, but you just never know with the AP exam. Step one should always be to check the register of the email. If you are replying to a business email or writing to someone you don't know, you will use *vous*.

TIP: BEGIN AND END WELL

Trick: Practice your introductions

No matter the content or goal of a message, emails always begin with an introduction. Explore the sample phrases below and personalize your own. You will use this line to start every email you write this year so that by the time you take the big test, it will be a habit.

Examples:

Chers Collègues,	*Monsieur le Directeur,*
Monsieur / Messieurs,	*Madame la Directrice,*
Madame / Mesdames,	*Monsieur le Maire,*

Trick: Practice your closings

Perhaps the most important part of a letter in French is the closing. This is typically not a particular area of focus in American written communication, so be sure to take note! This is not a line you would want to forget on the exam. The closing line is always composed of three sections:

1. Personalized request (use the same title as the introduction)
2. Expression
3. Kind statement

Start by choosing a: PERSONALIZED REQUEST	Then always state: EXPRESSION	End by choosing a: KIND STATEMENT
Je vous prie d'agréer, Monsieur		mes sentiments respectueux
Je vous prie d'accepter, Madame	l'expression de	mes sincères salutations
Veuillez agréer, Monsieur		mes salutations distinguées
Veuillez accepter, Madame		

EXAMPLES:

Veuillez recevoir, Monsieur/Madame, mes salutations distinguées.

Je vous prie d'agréer, Monsieur/Madame, l'expression de mes sentiments respectueux.

C'est à vous

OPTION 1: Complete the task.

OPTION 2: Write your greeting and closing along with a bulleted list of ideas for responding to the email.

You will write a reply to an e-mail message. You have 15 minutes to read the message and write your reply. Your reply should include a greeting and a closing and should respond to all the questions and requests in the message. In your reply, you should also ask for more details about something mentioned in the message. Also, you should use a formal form of address.

Vous allez écrire une réponse à un message électronique. Vous aurez 15 minutes pour lire le message et écrire votre réponse. Votre réponse devrait débuter par une salutation et terminer par une formule de politesse. Vous devriez répondre à toutes les questions et demandes du message. Dans votre réponse, vous devriez demander des détails à propos de quelque chose mentionnée dans le texte. Vous devriez également utiliser un registre de langue soutenue.

Introduction: Voici un message de monsieur Pierre Schartz, directeur du Centre d'Études Internationales. Ce centre a pour but de mettre en contact certaines universités francophones avec des étudiants américains. Il vous écrit pour vous informer de deux universités intéressées par votre candidature pour étudier un semestre à l'étranger.

De: pschartz@cee.fr
Objet: semestre à l'étranger
A: pmarechal@monmail.fr
Date: 19-04-2013

Cher Monsieur Maréchal,

C'est avec grand plaisir que je vous écris pour vous informer que votre candidature a été retenue par deux de nos universités-partenaires, l'une au Maroc et l'autre en Suisse. Pour poursuivre cette candidature, il est nécessaire que vous nous fournissiez certains renseignements supplémentaires afin que nous puissions établir laquelle de ces deux établissements sera le plus compatible avec vos attentes et vos objectifs.

Veuillez nous faire parvenir une lettre par courrier électronique en détaillant en particulier les points suivants:

- les traits les plus marquants de votre personnalité
- votre expérience antérieure à l'étranger
- les raisons pour lesquelles vous désirez passer un semestre à l'étranger
- vos objectifs éducatifs pour le semestre à l'étranger
- votre objectif professionnel après vos études
- tout autre aspect de votre personnalité, de vos expériences ou de vos objectifs sur lequel vous aimeriez élaborer davantage

Lorsque nous aurons reçu votre réponse, nous la transmettrons aux deux universités en question, au Maroc et en Suisse. Une fois la décision prise par les universités, nous vous informerons du résultat.

En attendant votre réponse, je vous prie d'agréer, Monsieur, l'expression de mes sentiments les meilleurs.

Pierre Schartz
Directeur
Centre d'Études Internationales

Trick: Give a personal example in the first paragraph

This task is definitely the most academic, and it can be overwhelming if you do not know where to begin. You will be presented with two perspectives on a topic, and you will need to take a stance while supporting it with details. As you process the information from the sources, make a personal connection to the topic. This shows the AP readers that you truly understand the content. In the first paragraph you want to set the tone that you know what you are talking about, so achieve this by sharing something about yourself and your life.

Read the following debate topics and write a personal statement to connect your life to each one.

Modèle: Les français, devrait-il continuer avec la recherche nucléaire?
J'ai lu les journaux et j'ai vu la crise au Japon en 2011, et j'ai des opinions fortes sur la recherche nucléaire.

1. Les québécois, devrait-il continuer à parler français?
2. En France, devrait-on accepter le voile islamique à l'école?
3. A Genève, le gouvernement, devrait-il changer l'horaire d'ouverture des magasins?

Trick: Use *on* in formal writing

You will be defending your opinion in your response, and the first step is knowing how to address the various viewpoints in the sources. Whenever you would say *you* or *they* in English, be sure to use *on* in French!

Transform the following sentences so they are appropriate for your Presentational Writing response.

1. Au Cameroun, tu fais la course de l'Espoir chaque année.
2. En France, il travaille 35 heures par semaine.
3. En Belgique, il parle le néerlandais, le français et l'allemand.

C'est à vous

OPTION 1: Complete the task.

OPTION 2: Examine the three sources. Then write a personal statement connecting yourself to the topic.
Then write three sentences with on using information from the sources.

You will write a persuasive essay to submit to a French writing contest. The essay topic is based on three accompanying sources, which present different viewpoints on the topic and include both print and audio material. First, you will have 6 minutes to read the essay topic and the printed material. Afterward, you will hear the audio material twice; you should take notes while you listen. Then, you will have 40 minutes to prepare and write your essay. In your persuasive essay, you should present the sources' different viewpoints on the topic and also clearly indicate your own viewpoint and defend it thoroughly. Use information from all of the sources to support your essay. As you refer to the sources, identify them appropriately. Also, organize your essay into clear paragraphs.

Vous allez écrire un essai persuasif pour un concours d'écriture de langue française. Le sujet de l'essai est basé sur trois sources ci-jointes, qui présentent des points de vue différents sur le sujet et qui comprennent à la fois du matériel audio et imprimé. Vous aurez d'abord 6 minutes pour lire le sujet de l'essai et le matériel imprimé. Ensuite, vous écouterez l'audio deux fois; vous devriez prendre des notes pendant que vous écoutez. Enfin, vous aurez 40 minutes pour préparer et écrire votre essai. Dans votre essai, vous devriez présenter les points de vue différents des sources sur le sujet et aussi indiquer clairement votre propre point de vue que vous défendrez à fond. Utilisez les renseignements fournis par toutes les sources pour soutenir votre essai. Quand vous ferez référence aux sources, identifiez-les de façon appropriée. Organisez aussi votre essai en paragraphes bien distincts.

Sujet de la composition:

Les anglicismes, représentent-ils une menace pour la langue française?

Source 1:
Introduction

La sélection suivante parle du franglais, c'est-à-dire de l'anglais qu'on mélange au français.
C'est un extrait du blog sur www.frenchinlondon.com (© Jean-Rémi Baudot).

Sommes-nous tous devenus franglais?
avril 24th, 2009

Ligne

A quelques semaines de mon retour définitif en France, il y a un *mea culpa* qui s'impose. Longtemps, je me suis gentiment moqué des Français qui passaient leur temps à mélanger le français et l'anglais pour vomir une
5 espèce de langage personnel aux teintes de *yaourt.* Je réalise aujourd'hui qu'on y vient tous plus ou moins.

Il me semble que c'est difficile à envisager tant qu'on n'a pas vécu à l'étranger un bon moment. Mais à être baigné 24h/24 dans une langue et une autre culture, on en vient à penser dans la langue, à rêver dans la langue… Et les conversations du quotidien faites de «*anyway… you know… sure thing… let's meet ASAP…*» s'infiltrent rapidement dans la langue d'origine. Selon moi, il ne faut pas excuser ce langage vicié parfois
10 insupportable mais on peut essayer de comprendre son origine.

Le franglais comme signe d'acculturation? Alors, d'où vient cette propension à parler une troisième langue? La facilité? La paresse? Le style? Peut-être un peu des trois. Mais surtout, l'habitude. A parler anglais toute la journée, on en vient à avoir des mots anglais plus facilement en tête. Ça vient souvent plus vite, allez comprendre. Cela permet aussi de s'épargner le besoin de chercher le vocabulaire dans sa propre langue
15 maternelle.

Les linguistes et sociologues pourront me contredire mais il me semble que c'est un signe d'une certaine acculturation (quand le contact entre deux cultures entraîne des modifications dans les modèles culturels initiaux de l'un des deux groupes). Peut-être même est-ce le signe d'un début d'intégration? D'assimilation?

20 Le drame est selon moi quand on franchit la limite du raisonnable. Vous en connaissez tous, j'en suis sûr, des gens hyper cools qui parlent comme ça: «tu comprends, *you know, this is just* l'histoire d'un *business* qui a marché. *A guy who actually* a réussi. C'est ça qui est *fantastic in the UK. You come and* bam, tu fais ton *business!*»… Et je caricature à peine.

Faut-il avoir peur du mimétisme culturel…Certains puristes verront derrière cette tendance l'illustration d'un impérialisme linguistique de l'anglais sur les autres langues et singulièrement le français. Je ne suis pas un
25 fervent défenseur d'une langue française figée qui ne devrait plus évoluer. Je ne crois pas non plus tellement dans les traductions souvent ridicules des expressions anglaises (*podcast* ou baladodiffusion?) mais sommes-nous encore capables de nous exprimer correctement?

Qui parmi les Français de Londres sait comment on appelle un *shift* en français? Un planning horaire? Qui sait encore que casual peut souvent être remplacé par *décontracté?* Je sais bien que c'est plus cool de parler à
30 moitié en anglais, une pinte à la main mais c'est comme si, à l'usage, en dans un élan de paresse intellectuelle, on perdait notre vocabulaire!

Je me souviens de ce prof à la fac qui m'avait interpellé sur le langage texto (que sincèrement j'ai du mal à comprendre). Il me disait que, selon lui, qu'importe qu'on puisse déformer/détruire le langage. L'important était que l'on puisse continuer à communiquer.

35 La forme est-elle plus importante que le fond ? Faut-il dramatiser ? Quand mes potes marocains parlent un français où un mot sur 4 est de l'arabe (ou l'inverse), est-ce qu'ils se prennent des réflexions *oh, comme tu te la pètes?!!! Bref, let me know* ce que ça vous inspire!

Source 2: Sélection Audio 🎧
Introduction

Dans cette sélection audio il s'agit des anglicismes introduits dans la langue française au Québec. Le passage s'appelle *Le franglais* et vient du blog http://laurierdorion.c.pq.org/blogue/le-franglais (© Jean Bouchard).

Source 3: 🔍
Introduction

Dans cette sélection il s'agit de l'auto-évaluation des Français à travers plusieurs tranches d'âges concernant leur niveau de connaissance de la meilleure langue étrangère. Les statistiques ont été tirées du site Eurostat: ec.europa.eu/eurostat et datent de l'année 2007.

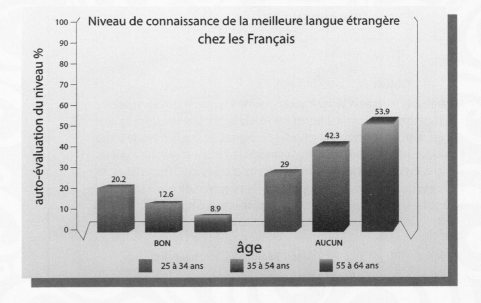

Niveau de connaissance de la meilleure langue étrangère chez les Français

auto-évaluation du niveau %

20.2 · 12.6 · 8.9 · 29 · 42.3 · 53.9

BON · âge · AUCUN

■ 25 à 34 ans   ■ 35 à 54 ans   ■ 55 à 64 ans

TIPS AND TRICKS CHECKLIST

Chapter	Tip	Trick
0	Identify the register	Choose *tu* or *vous*
	Begin and end well	Practice your introductions
		Practice your closing
1	Read the outline well	Underline the type of response
		Determine if your response will be affirmative or negative
		Brainstorm details on the outline
2	Speak for 20 seconds	Refocus during the pause between readings
		STOP speaking when you hear the tone
3	Give a polished answer	Self-correct
		Make your conversation sound real

TIP: IDENTIFY THE REGISTER

Trick: Choose *tu* or *vous*

When you read the introduction to the task, it is important that you look for clues about register. Are you speaking to someone you don't know? Are you speaking to an adult? If so, you'll need to use a formal register. If you're speaking to someone your own age, it is appropriate to use a more casual register. This realization, however, means so much more than just *tu* and *vous*. Your entire response should be consistent, including every subject pronoun, every possessive adjective and every stress pronoun.

 ECRIRE

Fill in the blanks with the correct pronoun.

1. _____ _____'appelles Guillame, n'est-ce pas? _____ ami, Nicholas, m'a dit que _____ joues de la guitare. Ma guitare est un peu vieille, mais _____ est très belle. Moi aussi, j'aime la musique, et je joue avec un groupe de rock. Veux-_____ nous rejoindre pour jouer la semaine prochaine?

2. Bonjour Mademoiselle Masson! Comment allez-_____ cet après-midi? _____ voulez emprunter ma voiture aujourd'hui? Pourquoi? Oh, _____ _____ est en panne. Pas de problème, mais quelles sont _____ heures de travail ce soir? Parfait, _____ aussi!

TIP: BEGIN AND END WELL

Trick: Practice your introductions

Regardless of the theme, you will always be asked to complete a conversation for this section of the exam. The first line should be one that you polish up now and use over and over as you practice for the big day. Be sure to rehearse both a formal and informal opener. Getting a smooth start to the conversation will set the tone. Everyone has his/her own special way of beginning a conversation, so be sure to customize your greeting. If it is a phone conversation, you can begin with *allô*, a synonym for *bonjour* unique to phone conversations.

Example:

Bonjour, c'est _____ (insert **your** name), comment allez-vous?

Allô, _____ (insert name), comment ça va?

Bonjour, ici _____ (insert **your** name) ici. Quoi de neuf, _____ (insert name)?

Allô, qu'est-ce qui s'est passé?

_____ (insert name), ici _____ (insert **your** name), ça va?

Trick: Practice your closings

Just like the opening, the way you end a conversation is fairly standard. Go ahead and pick your stock closing line (both formal and informal). This will be one less thing to think about on the day of the exam. By then it will be automatic!

Examples:

Au revoir _____ (insert name), je vous parlerai bientôt!

A la prochaine _____ (insert name). Je t'appellerai plus tard.

Ciao mon ami, bises!

ECOUTER PARLER

C'est à vous

OPTION 1: Complete the task.

OPTION 2: Read the introduction and outline. Select the best register for your response, then jot down ideas for potential responses to each line. Finally practice your opening and closing statements as you attempt to answer each prompt.

You will participate in a conversation. First, you will have 1 minute to read a preview of the conversation, including an outline of each turn in the conversation. Afterward, the conversation will begin, following the outline. Each time it is your turn to speak, you will have 20 seconds to record your response. You should participate in the conversation as fully and appropriately as possible.

Vous allez participer à une conversation. D'abord, vous aurez une minute pour lire une introduction à cette conversation qui comprend le schéma des échanges. Ensuite, la conversation commencera, suivant le schéma. Quand ce sera à vous de parler, vous aurez 20 secondes pour enregistrer votre réponse. Vous devriez participer à la conversation de façon aussi complète et appropriée que possible.

Introduction

C'est une conversation avec la mère de votre future famille d'accueil en Suisse où vous allez passer l'année scolaire. Elle aimerait préparer votre arrivée et savoir comment vous vivez, ce que vous aimez, etc. Bien sûr, vous aimeriez partager vos désirs et vos préférences avec elle.

Mère d'accueil	• Elle vous salue et vous demande si vous allez bien.
Vous	• Saluez-la et dites-lui comment vous allez. Remerciez-la de vous avoir appelé.
Mère d'accueil	• Elle vous explique la raison de son appel et pose une première question au sujet de votre façon de vivre.
Vous	• Répondez à sa question avec au moins deux exemples concrets.
Mère d'accueil	• Elle vous demande vos préférences en ce qui concerne la nourriture.
Vous	• Donnez au moins deux exemples de plats que vous aimez et un exemple d'un plat que vous n'aimez pas.
Mère d'accueil	• Elle vous demande des détails sur votre arrivée.
Vous	• Dites en plusieurs détails ce que vous attendez de votre séjour.
Mère d'accueil	• Elle vous demande de la contacter avant votre arrivée pour faire le point.
Vous	• Dites-lui comment et quand vous comptez communiquer avec elle et dites-lui au revoir.

TIPS AND TRICKS CHECKLIST

Chapter	Tip	Trick
0	Find the appropriate register	Stay formal
1	Start well	Address your audience and announce the topic
		Know the directions
	Manage your time	Provide a summary statement
	Close well	
2	Outline a developed response	Stay structured
		Use transitional phrases
		Highlight your knowledge
3	Present specific local and francophone viewpoints	Review prepositions of francophone locations

Trick: **Stay formal**

The first step is to remember *on* is your best friend. Do not use *il* or *elle* when speaking about others. You will make comparisons between elements of your culture and francophone culture. It is acceptable to use *je* and *nous* when representing your culture. When speaking about francophone culture, use *on.*

 ECRIRE

Practice using subject pronouns in French by translating the following statements.

1. In the United States we play baseball.
2. In France you play soccer as a child.
3. In Cameroon they eat a lot of shrimp.

 LIRE   **PARLER**

C'est à vous

OPTION 1: Complete the task.

OPTION 2: Read the prompt. Go research the topic and create an infographic to support the ideas in your presentation. You will make at least three statements about American and francophone culture using the pronoun *on.*

You will make an oral presentation on a specific topic to your class. You will have 4 minutes to read the presentation topic and prepare your presentation. Then you will have 2 minutes to record your presentation. In your presentation, compare your own community to an area of the French speaking world with which you are familiar. You should demonstrate your understanding of cultural features of the French-speaking world. You should also organize your presentation clearly.	Vous allez faire un exposé pour votre classe sur un sujet spécifique. Vous aurez 4 minutes pour lire le sujet de présentation et préparer votre exposé. Vous aurez alors 2 minutes pour l'enregistrer. Dans votre exposé, comparez votre propre communauté à une région du monde francophone que vous connaissez. Vous devriez montrer votre compréhension des facettes culturelles du monde francophone. Vous devriez aussi organiser clairement votre exposé.

Sujet de la composition:

Comparez l'utilisation des réseaux sociaux aux Etats-Unis et dans un pays francophone.

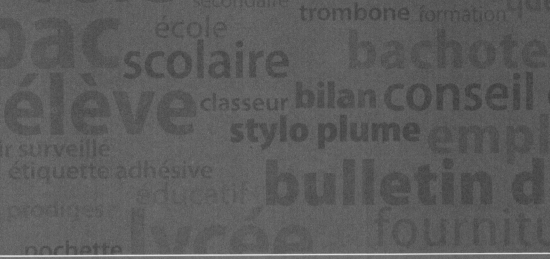

CHAPITRE

1

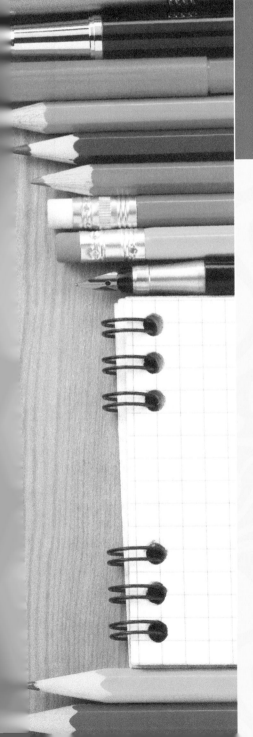

C'est drôle, l'école!

Bachoter pour *réussir?*

OBJECTIF

Comprendre la structure du système éducatif français

Écrire un message   ▭ ✕

Envoyer		**Supprimer**

De:	Jmlefoot@apprenons.fr
À:	hayliesmith@apprenons.us
Cc:	
Objet:	L'année scolaire
📎 Pièce(s) jointe(s)	

G	*I*	<u>S</u>	<u>Vérifier l'orthographe</u>

Salut, Haylie!

Je viens de lire ton mail, et je vois que ton système d'éducation aux États-Unis est très different du mien. Comme toi, j'ai commencé à l'école maternelle et j'ai continué à l'école élémentaire et puis au collège, mais les cours que je suivrai au lycée correspondront à la voie de formation que je choisirai. Une voie, c'est une sorte de spécialisation scolaire qui détermine ce qu'un élève fera après le lycée. Je pourrais passer le bac qui me préparera à l'université, ou me présenter au BEP ou à un CAP. D'une manière générale, ceux qui font le BEP ou le CAP ne vont pas à l'université (sauf ceux qui passent un bac professionnel), donc j'espère passer un bac technologique ou général. La question qui se pose est: LEQUEL DES DEUX CHOISIR?!

Je serai en 3ᵉ cette année et, pour moi, c'est une année très importante. C'est l'année à la fin de laquelle le conseil de classe émettra son avis concernant ma voie. Mes notes ne sont pas trop mauvaises et je n'ai jamais eu à redoubler. Mai une fois j'ai eu un 9 en anglais…c'est une langue difficile! Selon le calendrier de d'orientation, je dois réfléchir un peu avant de choisir mes options, et en mai, mes parents et moi, nous allons remplir la fiche navette pour identifier ma voie. En juin, le Conseil de classe formulera sa proposition d'orientation. On va voir ce qui se passera, mais aujourd'hui c'est mercredi (pas de cours cet après-midi), et j'ai un match avec mon équipe! Mon club joue en championnat!

A+
Arnaud

1.

Dites ce que vous savez sur le système éducatif français.

2.

Faites correspondre chaque mot à sa définition en français.

1.	une voie	a.	le formulaire à remplir pour exprimer ses préférences de voie
2.	redoubler	b.	le groupe qui détermine les voies que les élèves vont suivre
3.	le Conseil de classe	c.	les cours que l'on peut choisir
4.	un bilan	d.	les dates importantes de l'année scolaire
5.	un échec	e.	quand on rate un cours, c'est …
6.	le calendrier d'orientation	f.	répéter une année scolaire, c'est
7.	la fiche navette	g.	un document qui rassemble les notes de chaque trimestre
8.	les options	h.	une spécialisation scolaire

3. ECRIRE

Après avoir lu le message d'Arnaud, répondez aux questions suivantes.

1. Pourquoi la classe de 3ᵉ est-elle une année importante?

2. Arnaud voudrait-il poursuivre ses études à l'université? Comment le savez-vous?

3. Quel est l'objectif principal du Conseil de classe?

4.

Comparez ce que vous savez sur le système éducatif en France après avoir lu le mail à ce que vous saviez avant.

liste pour la rentrée

2 paquets de feuilles simples vertes
2 grands classeurs
(épaisseur normale) -
1 rouge, 1 couleur au choix
3 chemises cartonnées avec rabats
1 bloc-notes
1 paquet d'étiquettes adhésives
40 pochettes transparentes perforées
10 trombones
1 rouleau de scotch
1 stylo bille bleu ou noir
1 stylo plume rouge

POINT CULTURE

Souriez ! C'est la rentrée scolaire!

Après les grandes vacances en France, tout le monde se précipite pour acheter les fournitures scolaires. Les listes fournies par les écoles sont très longues et précises. Les familles sont souvent obligées d'aller dans plusieurs magasins pour trouver la taille et les couleurs demandées! Les stylos, les gommes, et les trombones se rangent dans une trousse, mais où ranger les chemises, les classeurs et les feuilles? L'élève français classique aurait un cartable muni d'une poignée, mais les sacs à dos les remplacent ces dernières années. Un point intéressant: les élèves français utilisent toujours un stylo. Amusez-vous bien en cours!

POINT CULTURE

Côte d'Ivoire: Vives polémiques autour des frais d'inscription à l'université

Après de longs mois de fermeture ayant suscité des débats, les universités de Côte d'Ivoire s'apprêtent à ré-ouvrir leurs portes le 3 septembre 2012. La joie suscitée par cette annonce a vite été oubliée et a été remplacée par une vague de réactions indignées par la décision des présidents des universités d'augmenter les nouveaux frais d'inscription. Voici un résumé des réactions diverses [. . .]. [. . .]

Les étudiants débourseront désormais respectivement 100.000 FCFA [franc de la Communauté financière africaine = 152€] par an pour s'inscrire au premier cycle (de la 1ère année à la licence), 200.000 FCFA [305€] pour le Master, et 300.000 [457€] pour le DEA [le Diplôme d'études approfondies] et le Doctorat. Par le passé les étudiants ivoiriens payaient seulement 6.000 FCFA [9€] pour leurs inscriptions. Pour les autorités ivoiriennes, «Ces montants permettront, en plus de la subvention de l'Etat, d'accroître les capacités financières des universités, en vue de faire face au manque de matériel didactique dont l'absence criante avait obligé par exemple l'UFR [l'Unité de formation et de recherche] des sciences à suspendre les travaux pratiques.»

Mais ces mesures ont entraîné de nombreuses fortes réactions dans les média, et sur les différents réseaux sociaux, forums et blogs ivoiriens. Les avis sont partagés mais les déclarations des organisations d'étudiants sont sans équivoque. Elles rejettent la mesure. [. . .]

Pendant que les débats faisaient rage sur les réseaux sociaux et dans la réalité, le gouvernement ivoirien a surpris tout le monde par une décision de suspension de la mesure envisagée d'augmentation des frais d'inscription dans les universités publiques, le temps de poursuivre la réflexion.

—Écrit par Kanigui de globalvoicesonline.org, le 7 août 2012. Permission Creative Commons.

âge					
18			BAC professionnel	BAC technologique	BAC GÉNÉRAL
17	BEP	CAP	Terminale professionnel	Terminale technologique	Terminale générale
16	Terminale	2e année	Première professionnel	Première technologique	Première générale
15	1e année	1e année	Seconde professionnel	Seconde générale et technologique	
	LA VOIE PROFESSIONNELLE			LA VOIE GÉNÉRALE ET TECHNOLOGIQUE	
	Diplôme National du Brevet				
14	Troisième				
13	Quatrième				
12	Cinquième				
11	Sixième				
10	CM2				
9	CM1				
8	CE2				
7	CE1				
6	CP				
5	Grande section				
4	Moyenne section				
3	Petite section				

1.  **LIRE** **ECRIRE**

Reliez les éléments de chaque colonne, en vous référant au tableau sur le système éducatif en France.

1.	BEP	a.	Cours moyen 2
2.	bac	b.	Cours moyen 1
3.	CAP	c.	Brevet d'études professionnelles
4.	CM1	d.	Baccalauréat
5.	CM2	e.	Certificat d'aptitude professionnelle

POINT RAPPEL

Les prépositions *à* et *en*

La préposition *à* se traduit en anglais de trois façons: *in*, *at*, *to*. Elle s'emploie souvent avec l'article défini.

Si l'article défini est de genre féminin, la préposition *à* et l'article se suivent.
Exemple: *Elle déjeune à la cantine.*

Si l'article défini est *l'* (pour les noms qui commencent par une voyelle, de genre masculin ou féminin), on emploie également la préposition *à*.
Exemple: *Il va à l'école primaire.*

Si l'article défini est de genre masculin, la préposition *à* se combine avec l'article défini et devient *au*.
Exemple: *Ils vont au bureau du principal.*

Si l'article défini est au pluriel, la préposition *à* se combine avec l'article défini et devient *aux*.
Exemple: *Les admissions aux écoles supérieures sont très compétitives.*

à + la = à la
à + l' = à l'
à + le = au
à + les = aux

Pour indiquer la classe scolaire d'un élève, on emploie la préposition *en*.
Exemple: *Marine est au lycée. Elle est en première.*

---

2. ECRIRE

Exercice à trous. Lisez la première phrase puis écrivez (1) la classe et (2) l'école de chaque élève avec la préposition qui convient.

1. Léa est de Nice et elle a 4 ans.

classe: Elle est _____.

école: Elle va _____.

2. Laurent est de Montbéliard et il a 10 ans.

classe: Il est _____.

école: Il va _____.

3. Luc est de Nantes et il a 14 ans.

classe: Il est _____.

école: Il va _____.

4. Latifa est de Montmorency et elle a 8 ans.

classe: Elle est _____.

école: Elle va _____.

5. Nathalie est de St. Étienne et elle a 12 ans.

classe: Elle est _____.

école: Elle va _____.

3. LIRE PARLER

Exercice à trous. Regardez le tableau et complétez les phrases suivantes. Attention aux détails!

1. À l'âge de 12 ans, on est en _____ et au _____.

2. En France le collège n'est pas l'université; les collégiens ont de _____ à _____ ans.

3. L'équivalent français de «senior year» s'appelle _____ et l'école s'appelle _____.

4. Je suis né en 2008, maintenant je suis en _____. Mon école s'appelle _____.

5. Au printemps prochain, j'aurai 15 ans. À l'automne, je serai donc en _____ dans une nouvelle école qui s'appelle _____.

6. Lorsqu'on a de 15 à 18 ans, on est _____.

4. LIRE ECRIRE

Identifiez la classe qui correspond aux élèves suivants.

a. Je m'appelle Sophie; je viens d'avoir 14 ans. Je joue au foot, et ma famille et moi, nous aimons faire du ski en hiver. J'ai un peu peur de commencer l'année scolaire car il y a beaucoup de décisions à prendre cette année. Heureusement je ne suis pas toute seule. Mes parents et le conseil de classe vont sûrement m'aider à choisir l'option qui me conviendra le mieux.

classe: _____

b. Je m'appelle Marc et je suis très intelligent. J'aime bien les sciences et surtout les maths. J'ai 17 ans et il n'y a pas beaucoup d'étudiants de mon âge qui avouent aimer l'école, mais moi j'ose le dire! Je suis très satisfait de la voie que j'ai choisie. Après mes études au lycée j'aimerais aller dans une école d'ingénieur.

classe: _____

c. Je m'appelle Marie et je viens de passer mon brevet. C'est un examen national. Tous les élèves français de mon âge sont obligés de le passer. C'est un rite de passage très important dans la vie d'un étudiant, parce que c'est vraiment le premier diplôme officiel que l'on peut recevoir. Mes parents sont très fiers de ma réussite scolaire. Nous sommes même allés au restaurant avec mes frères pour fêter l'évènement.

classe: _____

5.  ECOUTER ECRIRE

Trois personnes vont se présenter et décrire leur expérience scolaire à l'oral. Écoutez et notez les points importants pour identifier leur classe.

Leçon 1 • Bachoter pour réussir?

6. 🖥 SE CONNECTER

La structure du lycée français. À l'aide du lien ci-dessous, informez-vous sur la structure du lycée français, et répondez aux questions suivantes: http://www.education.gouv.fr/cid215/le-lycee.html

1. Lequel de ces lycées n'existe pas dans le système éducatif français?
   a. Le lycée d'enseignement général et technologique
   b. Le lycée d'enseignement professionnel
   c. Le lycée d'enseignement scientifique
   d. Tous les trois existent

2. Combien d'années passe-t-on au lycée en France?
   a. 1
   b. 2
   c. 3
   d. 4

3. Les voies générales et technologiques comprennent trois classes: _____, _____ et _____.

4. Indiquez si la phrase suivante est vraie ou fausse. Encerclez votre réponse.

   V / F   Au lycée professionnel, les enseignements technologiques et professionnels ne représentent pas beaucoup de temps dans l'horaire d'un élève.

5. Recopiez la phrase du texte qui justifie votre réponse à la question 4.

   _____

6. Lisez le passage qui explique l'organisation de l'enseignement général et technologique.
   1. En quelques mots/lignes expliquez ce que vous avez compris.
   2. Identifiez les mots qui vous ont aidé à comprendre le texte.
   3. En quelques mots/lignes décrivez ce que vous ne comprenez pas. (si nécessaire)
   4. Identifiez les mots qui vous ont empêché de comprendre le texte.

POINT GRAMMAIRE

MEILLEUR, MIEUX ET PIRE

C'est très simple: BON/MAUVAIS versus BIEN/MAL.

Si vous avez besoin d'un **adjectif**, employez **meilleur(e)(s)** ou **pire(s)**.

(HINT: *être*)

(HINT: *Adjectives can change form for masculine, feminine or plural because they modify a noun.*)

Si vous avez besoin d'un **adverbe**, employez **mieux** ou **pire**.

(HINT: *action verb*)

(HINT: *Adverbs do not change form for masculine, feminine or plural because they modify a verb.*)

BON/MAUVAIS ou BIEN/MAL	MEILLEUR(E)(S) ou MIEUX/PIRE(S)	LE/LA/LES MEILLEUR(E)(S) ou LE/LA/LES PIRE(S) ou LE MIEUX
for describing generally	*for comparing*	*for referring to an extreme*
Il a une **bonne** note.	Il veut une **meilleure** note.	Il veut **la meilleure** note de la classe.
Elle étudie **bien**.	Il étudie **mieux** que sa soeur.	Il étudie **le mieux**.
Ses notes en chimie sont **mauvaises**.	Mes notes en chimies sont **pires** que celles en maths.	Tes notes en chimies sont **les pires**.

7. ✎ ECRIRE

Traduisez les phrases suivantes en employant mieux, meilleur(e)(s), et pire(s).

1. Marguerite is the best student in our class.
2. He speaks the best in German class.
3. We have the worst grades in math.
4. He is better in science than Sophie.
5. My sister reads better than you.

Lycée Queneau			LEQUERTIER Matthieu BULLETIN DE NOTES 3ème trimestre Année scolaire 2013-2014			
Matières *Professeurs*	**Élève** **Moyenne (Rang)**		**Classe**			**Appréciations des professeurs**
			Moyenne	**Max.**	**Min.**	
Anglais *Mme Rouchet*	**7**	**(27)**	**12, 1**	**18**	**6, 5**	Élève toujours aussi agité, ne manifeste aucun intérêt pour les langues. Résultats très décevants surtout à l'oral. Aucun effort.
Espagnol *M. Launay*	**8**	**(11)**	**10**	**15**	**2**	Bilan modeste, peu d'efforts
Latin *M. Robert*	**8, 8**	**(3)**	**8, 8**	**12, 4**	**8, 8**	Manque de travail et de sérieux, beaucoup de bavardages
Français *Mme Zéphir*	**7, 6**	**(24)**	**10, 5**	**15**	**6**	Résultats en baisse ce trimestre. Peu d'intérêt pour cette matière. Aucun travail personnel. Attention à l'orthographe!
Histoire et géo *Mme Gallimore*	**8**	**(24)**	**10, 8**	**13**	**7**	Résultats trop justes, manque de travail
Mathématiques *M. Thélia*	**15, 8**	**(5)**	**10, 5**	**16, 5**	**4**	Bilan très satifaisant. Bonne participation, esprit très positif.
Physique – chimie *Mme Chirol*	**16, 3**	**(1)**	**10, 2**	**16, 3**	**1**	De grandes capacités, élève très motivé
Sciences et vlt *Mme Paquis*	**15**	**(2)**	**9, 4**	**16**	**1**	Bon élément, travaille avec méthode et régularité
Informatique *M. Michel*	**14**	**(3)**	**12, 8**	**15, 3**	**8**	Élève attentif et intéressé
Éducation physique *Mme Walter*	**11**	**(18)**	**11, 7**	**18**	**5**	Ensemble moyen

8.  ECRIRE PARLER

Regardez le bulletin de Matthieu Lequertier. Commentez la qualité de son travail en faisant des comparaisons et parlez de ses points forts et de ses points faibles en utilisant *meilleur(e)(s)*, *pire(s)*, *mieux*, **ou** *le/la/les meilleur(e)(s)*, *le/la/les pire(s)*, *le mieux*.

9. PARLER

Conversation style «Speed dating»: Prenez deux minutes pour vous préparer, puis parlez à un camarade de classe de vos aptitudes scolaires. Dépêchez-vous! Vous n'avez que trois minutes!

Sans écrire, préparez ces sujets pour pouvoir les présenter à votre camarade de classe: qui vous êtes, quel âge vous avez, d'où vous venez, à quelle école vous allez et en quelle année vous êtes. Ensuite, expliquez vos préférences et vos compétences scolaires, par exemple dans quel cours vous êtes meilleur, etc. Finissez par une explication rapide de ce que vous comptez faire comme études après le lycée.

N'oubliez pas de changer de rôles. Chaque personne devrait avoir l'occasion de parler.

Images dessinées par la classe de Cours Moyen,
1ère année de l'école primaire Jean de la Fontaine,
d'Illange en Moselle, France
(Institutrice: Catherine Touveron).

Le Cancre

Il dit non avec la tête
mais il dit oui avec le cœur
il dit oui à ce qu'il aime
il dit non au professeur
il est debout
on le questionne
et tous les problèmes sont posés
soudain le fou rire le prend
et il efface tout
les chiffres et les mots
les dates et les noms
les phrases et les pièges
et malgré les menaces du maître
sous les huées des enfants prodiges
avec des craies de toutes les couleurs
sur le tableau noir du malheur
il dessine le visage du bonheur.

—Jacques Prévert
(*Paroles*)
© Éditions GALLIMARD

1. **LIRE**

Lisez le poème célèbre «Le Cancre» par Jacques Prévert à haute voix.

2. **LIRE** **ECRIRE**

Identifiez les mots de vocabulaire qui correspondent aux définitions. Puis, donnez le mot en anglais et un synonyme en français.

Français	La définition en français	Anglais	Synonyme en français
	Quelqu'un qui n'est pas un très bon élève		
	Après t'être levé(e), tu es…		
	Si on fait une erreur au tableau blanc, on…		
	On veut attraper une souris, donc on utilise…		
	Si on n'est pas content du résultat du match de foot, on lance…		
	Si on veut dessiner au tableau, on utilise…		
	On n'est pas heureux, alors on est…		

3.  **ECRIRE**

Répondez à la question suivante: Quels sont les sentiments des personnages suivants?

1. Le cancre
2. Les élèves
3. Le prof

4. **LIRE** **ECRIRE**

Les images et les stéréotypes. Répondez aux trois questions en utilisant les indications contenues dans chaque couleur du drapeau français.

1. Quelle est l'image de l'école française présentée dans *Le cancre?*
2. Quels sont les stéréotypes que l'on voit dans ce poème?
3. Comparez l'image présentée dans le poème à votre image d'une école américaine typique.

1. Encerclez les mots qui conviennent: allégée stricte exigeante motivante effrayante	2. Faites une liste qui explique l'image.	3. Répondez en phrases complètes.

5.  **PARLER**

Les Notes. Regardez le tableau ci-dessous qui montre les équivalents des notes scolaires aux États-Unis et en France. Pensez à vos notes en cours et comparez-les aux notes françaises avec un camarade de classe. Que pensez-vous des différences?

High School américain	Lycée français
100 %	17-20
98	16
95	15
93	14
90	13
83	12
78	11
73	10
71	9
66	8
63	7
58	6
55	5
48	4
44	3
42	2
40	1

6.  PARLER  ECRIRE

Réfléchissez. Quels aspects de la vie scolaire américaine les étrangers ne connaissent-ils peut-être pas?

7. LIRE ECRIRE

Lisez le tchat entre Arnaud et Haylie, puis répondez aux questions de compréhension.

Chat - Arnaud et Haylie   − ○ ✕

Arnaud: Slt. ça va?	
	Slt. Oui bien et toi? Haylie:
Arnaud: Oué, je rentre du 6né. y avait un film marrant.	
	ah... le cinéma? super. tu t'es bien amusé? Haylie:
Arnaud: oué, mdr pendant tout le film. Et toi keske tu fé?	
	Je vais bientôt devoir partir. Je dois prendre des photos pour le yearbook. Haylie:
Arnaud: Le yearbook? Cé Koi?	
	Cé Koi???? Haylie:
Arnaud: Pardon... J'oublie... C'est quoi?	
	Ahhh... je vois... Le yearbook c'est le livre «souvenir» de l'école Haylie:
Arnaud: de ton lycée?	
	Non, chaque école a un yearbook... même les écoles primaires... mais il y a moins de détails Haylie:
Arnaud: Ah bon... et kesk y a dedans?	
	Les photos de chaque élève, les photos de tous les clubs et de toutes les équipes de sports de l'école, les bals, homecoming, prom, cheerleading, etc... Haylie:
Arnaud: Kool, faudra mxpliké tout ça ... et pkoi cé toi qui prends les photos?	
	Pk, quand t'es au lycée, le yearbook est créé par un groupe d'élèves... Il y a un professeur qui travaille avec nous.. Haylie:
Arnaud: 5pa?	
	Koi???? Haylie:
Arnaud: Il est sympa? Le prof?	
	Oui, mais il est un peu vieux-jeu. mdr Haylie:
Arnaud: mdr :	
	dsl, mais je dois partir maintenant Haylie:
Arnaud: Snif, mais je comprends...Vazi... A+	
	???? Haylie:
Arnaud: Vas-y... A plus tard	
	Ah OK. A+ Haylie:

 B A U 📷   envoyer

---

8. LIRE ECRIRE

Répondez aux questions de compréhension.

1. Qu'est-ce qu'Arnaud ne comprend pas? Qu'est-ce que Haylie ne comprend pas?
2. Pourquoi est-ce que Haylie doit expliquer ce qu'est un «yearbook» à Arnaud?
3. Pourquoi Arnaud doit-il changer son langage?

                                          Chapitre 1 • C'est drôle, l'école!

L'école américaine

Jean:

«Le système de l'école américaine est très différent du système français, notamment l'emploi du temps: les américains commencent les cours à 8 heures, mais ils les finissent déjà à 15 heures, ce qui leur laisse du temps pour les activités sportives et les devoirs. La durée d'un cours est de 45 minutes et l'ambiance y est très décontractée: les élèves mangent et boivent dans leurs salles de classe.... Les contacts entre élèves et professeurs sont très faciles.

L'inconvénient, c'est qu'avec une si bonne ambiance et un programme si allégé, les élèves ne travaillent pas beaucoup et ne seront pas assez formés pour obtenir un emploi par la suite.

En somme, le système scolaire idéal serait un compromis entre le système américain et le système français: finir à 15 heures, mais bien travailler pendant les heures de cours...»

Le système scolaire américain

Olivier:

«Le système scolaire américain est différent de celui de la France. Il a ses avantages et ses inconvénients mais il comporte, à mon goût, plus d'avantages que d'inconvénients ...

Commençons par le site où travaillent les élèves. Wellington School est un tout petit peu moins grand que le collège St-Etienne mais elle comporte moitié moins d'élèves (800 élèves à Wellington contre 1800 à Saint-Etienne). Dans cette école américaine, les aménagements sportifs sont sensationnels: 3 terrains de football, 4 terrains de tennis, 2 salles de basket, 1 terrain de base-ball, 1 salle de musculation...etc.

Continuons par la journée type...Tout d'abord, chaque période ne dure que 45 minutes. En tout, dans la journée, il y a 8 périodes. Les cours commencent le matin à 8 heures 15. De 8 heures à 8 heures et quart, tous les élèves de la high school et leurs professeurs se rassemblent dans un hall. Ils discutent du déroulement de la journée, des résultats sportifs des différentes équipes de l'école et d'autres sujets relatifs à la vie scolaire. Puis, après cette réunion, commencent les cours. Les classes sont allégées. J'ai assisté à un cours de maths où il n'y avait que 6 élèves!!!!!! Avec des conditions comme celles-là, il est normal que les élèves comprennent plus vite: le professeur peut combler les lacunes de chacun. Cela n'est pas possible en France, dans des classes surchargées de 35 élèves. Les classes aux USA ne dépassent généralement pas les 15 élèves.

Quelque chose m'a surpris à Wellington: c'est le comportement des élèves. Ils quittent la salle, mangent, boivent, tout cela pendant le cours. Autre point très important: les élèves peuvent choisir les matières qu'ils veulent étudier en vue de leur projet professionnel.

Seul bémol dans cet éloge du système scolaire américain: le port de l'uniforme.

Après avoir relu cet article, il me semble que la balance penche très fortement pour le système scolaire américain et non pour le système français.»

© Yves Clady (http://yclady.free.fr/webzine.html)

9. ECRIRE PARLER

Répondez aux questions de compréhension suivantes, à l'écrit ou à l'oral.

1. Comment Jean décrit-il les rapports entre les élèves et les professeurs?
2. Selon les deux garçons, combien de temps dure un cours américain?
3. Quelle est leur perception de la difficulté des cours américains?
4. Quel est le seul point négatif du système américain selon Olivier?
5. Quel serait le système idéal d'après Jean?

10. ECRIRE PARLER

Êtes-vous plutôt d'accord avec Jean ou avec Olivier? Donnez votre opinion sur chaque question de l'exercice précédent. Justifiez vos réponses. N'hésitez pas à comparer leurs expériences avec les vôtres.

---

11. **PARLER**

Lisez les phrases suivantes et réfléchissez. Êtes-vous d'accord? Choisissez-en au moins deux et exprimez votre opinion à l'oral. Ajoutez quelques détails ou exemples qui justifieront votre point de vue.

1. Les sports à l'école ne sont qu'une distraction.

2. En Belgique, l'éducation des étudiants handicapés (mentaux ou physiques) est séparée. On devrait faire la même chose aux États-Unis.

3. Les étudiants américains sont plus paresseux que les étudiants français.

4. Il est plus facile de comprendre les cours aux États-Unis, parce que les classes ont 15 élèves maximum.

5. En France, les résultats des examens sont annoncés en public, et les américains devraient suivre cet exemple de manière à inciter et motiver leurs élèves à être responsables.

Emploi du temps – A2 Seconde					
	lundi	mardi	mercredi	jeudi	vendredi
8h00 – 8h55					
8h55 – 9h50		LATIN	FRANÇAIS	ANGLAIS	MATHS
9h50 – 10h05	récré				
10h05 – 11h00	CHIMIE			ESPAGNOL	CHIMIE
11h00 – 11h55	GEOGRAPHIE	EDUCATION PHYSIQUE	MATHS	GEOGRAPHIE	CHIMIE
11h55 – 13h25	déjeuner			déjeuner	
13h25 – 14h20		ANGLAIS		LABO CHIMIE	FRANÇAIS
14h20 – 15h15	ANGLAIS	ESPAGNOL		MATHS	LATIN
15h15 – 15h30	pause			pause	
15h30 – 16h25	ESPAGNOL	CHIMIE		GEOGRAPHIE	
16h25 – 17h20		MATHS		FRANÇAIS	

12. **LIRE** **PARLER**

Regardez l'emploi du temps ci-dessus, puis parlez des différences que vous remarquez entre l'emploi du temps au lycée en France et aux États-Unis.

13. **ECRIRE** **PARLER**

Choisissez une question et (1) écrivez un paragraphe pour exprimer votre avis sur le sujet choisi ou (2) parlez de votre avis avec un camarade de classe. Faites une liste de vos idées et discutez-en. Donnez votre opinion et répondez aux opinions de vos camarades.

1   Quelles sont certaines conséquences du choix de séparer l'école et les sports? Par exemple, quels effets les sports ont-ils sur les vêtements des élèves et les activités après les cours ou le soir? Faites une liste de ses conséquences, puis discutez. Donnez votre opinion et répondez aux opinions de vos camarades.

2. Quelles sont certaines conséquences du choix de se spécialiser au lycée français avant le niveau universitaire? Que peut-on faire après le lycée en France et après le high school aux États-Unis? Faut-il aller à l'université pour avoir du succès dans la vie professionnelle?

Préparez-vous pour l'examen

Interpretive Communication: Print Texts

TIPS AND TRICKS CHECKLIST

Chapter	Tip
0	Pre-read
	Overcome unknown vocabulary
	Read quickly
1	Read critically

Trick

Pre-read title and introduction to make predictions

Use prefixes and suffixes

Look for familiar etymology

Read every day

Identify the 5 Ws

Identify the register

TIP: READ CRITICALLY

Trick: Identify the 5 Ws

Just like in elementary school, you'll need to identify the 5 Ws: Who, What, Where, When and Why. This will help you eliminate the unimportant information in the story. Always underline these elements so you can organize the information in your head.

WHO	
WHAT	
WHEN	
WHERE	
WHY	

Trick: Identify the register

There may be a question about the best response to the passage. This question is measuring your mastery of register. Register is the formality of your response. Register can be slang, casual or formal. You will always respond to a passage with the same register that is used within the passage. Let's look at some examples:

SLANG: Yo, sup? Wanna catch a flick?

CASUAL: Hey, do you want to go to the movies?

FORMAL: Would you kindly consider accompanying me to the cinema?

C'est à vous

Complete the task while strategically answering questions based on the tips and tricks provided in this lesson.

The following text is accompanied by a number of questions. For each question, choose the response that is best according to the selection.	La sélection suivante est accompagnée de plusieurs questions. Pour chaque question, choisissez la meilleure réponse selon la sélection.

Introduction : La sélection suivante est un menu de la cantine scolaire dans un lycée en banlieue parisienne.

Restaurant Scolaire du Lycée Césaire

Menus du 22 avril au 02 mai

Nous nous réservons la possibilité de modifier le menu en fonction des arrivages et des contraintes du marché, tout en respectant l'équilibre nutritionnel!

lundi 22	mardi 23	mercredi 24	jeudi 25	vendredi 26
Lentilles en salade	Demi pomelos	Carottes râpées à l'orange	Salade verte	Oeuf mayonnaise
Rôti de porc ardennais	Normandin de veau provençale	Filet de poisson sauce bonne femme	Coquillettes à la bolognaise	Cuisse de poulet aux herbes
Choufleur persillé	Semoule au beurre	Haricots verts		Julienne de légumes
Gouda	Fromage frais nature	Fromage blanc	Brie	Tome de Savoie
Fruit de saison	Compote de pommes	Gaufre au sucre	Glace	Fruit de saison

lundi 29	mardi 30	mercredi 31	jeudi 01	vendredi 02
Haricots verts en salade	Melon jaune	Céléri rémoulade		Salade verte
Sauté de porc dijonnaise	Cordon bleu Côtelettes de veau	Rosbif		Filet de poisson pané citron
Lentilles ardèchoises	Épinards béchamel	Tortis au beurre	Férié	Riz à la tomate
Chèvre	Yaourt nature sucré	Cantal		Edam
Fruit de saison	Clafoutis aux fraises	Ananas au sirop		Entremet chocolat

1. Quel est le but de la sélection?

   a. informer les familles de ce que l'école offre comme alimentation

   b. inciter les passants à choisir ce restaurant

   c. encourager les élèves à choisir leur plat à l'avance

   d. informer les familles des modifications faites sur le menu

2. Pourquoi l'école se réserve-t-elle le droit de changer le menu?

   a. s'il y a un manque d'argent

   b. si le chef de cuisine tombe malade

   c. si la nourriture prévue n'est pas à la disposition des acheteurs

   d. si la nourriture prévue ne respecte pas l'équilibre nutritionnel

3. Quel est le ton de cette sélection?

   a. didactique

   b. informationnel

   c. comique

   d. ludique

4. Qu'est-ce qu'on mange directement avant le dessert?

   a. des produits laitiers

   b. des féculents

   c. des salades

   d. des aliments riches en protéines

5. Pourquoi n'y a-t-il pas de repas le 1er mai?

   a. c'est la fête de l'armistice

   b. le premier jeudi de chaque mois il n'y a pas de cours

   c. il y a un évènement exceptionnel à l'école

   d. c'est un jour où l'on ne travaille pas en France

Interpretive Communication: Print and Audio Texts

TIPS AND TRICKS CHECKLIST

Chapter	Tip	Trick
0	Pre-read	Pre-read title and introduction to make predictions
		Read questions ahead of time
	Find your purpose	Underline key sentences
1	Connect the passage to the purpose	Take detailed notes on the audio
		Visualize
	Be a better listener	

TIP: CONNECT THE PASSAGE TO THE PURPOSE

Trick: Underline key sentences

You found your purpose when you read the questions. Now it is time to connect the passage to those questions. As you are reading, underline sentences and vocabulary that are related to the questions. You will not have time to re-read the entire passage, so underlining will help you quickly locate answers within the passage.

Trick: Take notes for the audio selection on the questions page

Be sure to take your notes on the questions page. It is illogical to take them on any other page because you will have to flip back and forth when answering the questions. You will have pre-read the questions, so be sure to take notes that help you answer the questions.

TIP: BE A BETTER LISTENER

Trick: Visualize

Many students dread the listening section, but you can conquer it! Taking notes is very important, but no one can write down word for word what they hear. Instead, visualize main events, characters, and settings. Close your eyes and imagine you can see the person who is speaking. Only write down notes that will help you answer the questions.

C'est à vous

OPTION 1: Complete the task.

OPTION 2: Pre-read the title and questions, read the passage while underlining key sentences. Visualize during the audio selection and take notes.

You will read a passage and listen to an audio selection. For the reading selection, you will have a designated amount of time to read it. For the audio selection, first you will have a designated amount of time to read a preview of the selection as well as to skim the questions that you will be asked. The audio selection will be played twice. As you listen to the selection, you may take notes. Your notes will not be scored. After listening to the selection the first time, you will have 1 minute to begin answering the questions; after listening to the selection the second time, you will have 15 seconds per question to finish answering the questions. For each question, choose the response that is best according to the audio and/or reading selection and mark your answer on your answer sheet.

Vous allez lire un passage et écouter une sélection audio. Pour la lecture, vous aurez un temps déterminé pour la lire. Pour la sélection audio, vous aurez d'abord un temps déterminé pour lire une introduction et pour parcourir les questions qui vous seront posées. La sélection sera présentée deux fois. Vous pouvez prendre des notes pendant que vous écoutez la sélection mais elles ne seront pas comptées. Après avoir écouté la sélection une première fois, vous aurez 1 minute pour commencer à répondre aux questions; après avoir écouté la sélection une deuxième fois, vous aurez 15 secondes par question pour finir de répondre aux questions. Pour chaque question, choisissez la meilleure réponse selon la sélection audio ou lecture et indiquez votre réponse sur votre feuille de réponse.

Source 1:

Introduction: Dans cette sélection, il s'agit de la publication des résultats de l'examen du baccalauréat. Cet article, a paru le 4 juillet 2011 sur le site www.category.net.

Bac, brevet: pourquoi vous ne trouverez pas votre résultat dans la presse et sur internet cette année ?

Alors que les résultats du bac sont attendus le 5 juillet 2011 et ceux du brevet le 8 juillet, beaucoup de candidats et leurs proches ignorent que leur résultat ne sera pas publié, comme c'est l'usage depuis des années, dans le journal local ou sur les sites internet. La raison à cela : la modification du recueil de consentement mis en place depuis 2 ans par le ministère de l'Education nationale.

Ligne

5

Chaque année c'est le même rituel: au lendemain des résultats, parents et grands-parents de candidats achètent le journal pour avoir la fierté de voir le nom de leur enfant figurer dans la liste des admis au baccalauréat ou au brevet. Un plaisir désormais gâché, puisqu'une grande partie des résultats ne sont plus transmis à la presse et aux sites internet tels que France-examen.com. Après la stupeur, la colère des lecteurs et internautes qui ne comprennent pas pourquoi le nom recherché n'apparaît pas dans la liste. La raison en est pourtant simple : le candidat, ou son représentant légal, n'a pas donné l'autorisation de diffusion de son résultat auprès de la presse et des sites internet de sociétés de droit privé. Simple. En apparence seulement puisque dans les faits, nombre d'entre eux ne se sont jamais prononcés sur le refus de publication. C'est le ministère qui l'a décidé pour eux !

10

15

Jusqu'en 2008, les candidats à un examen devaient se prononcer s'ils ne souhaitaient pas divulguer leur résultat à la presse. Depuis deux ans, c'est l'inverse : c'est au candidat d'autoriser expressément la communication de cette information, le ministère considérant que par défaut la réponse est « non ». Mais comment être certain que le candidat s'est réellement prononcé sur ce point quand la question sur le formulaire est facultative et que l'absence de réponse équivaut à un « non »? Comment savoir ce que souhaite le candidat ou son représentant légal quand l'inscription à l'examen se fait directement

20

par l'établissement scolaire comme pour le Diplôme national du brevet? Dans ce dernier cas, les parents reçoivent simplement une confirmation d'inscription de leur enfant au brevet sur laquelle figure : « Acceptation communication de données personnelles sur le résultat de l'examen à des organismes privés: NON ». Qui est là pour leur expliquer la signification de ce « non » et leur préciser qu'ils peuvent modifier ce choix ?

Dans les faits, les nouvelles modalités de recueil du consentement ont de lourdes répercussions sur la diffusion des résultats puisqu'en 2009, 77 % des résultats, tous diplômes confondus, étaient transmis à la presse et aux sites internet titulaires d'une licence avec le ministère de l'Education nationale (et 86 % des résultats du brevet). En 2010 ce taux chute à 47 % et 22 % seulement pour le brevet. Une situation incompréhensible pour les candidats et leurs proches habitués pendant de nombreuses années à consulter leurs résultats d'examen dans la PQR ou sur internet.

A ce jour, seul le site internet du ministère, dédié à la publication des résultats, Publinet, dispose d'une liste complète des résultats. Et pour cause : aucun recueil de consentement n'est réalisé dans ce cas de figure.

France-examen, acteur de référence, depuis 1986, de la diffusion des résultats d'examen sur minitel puis sur internet, se bat depuis deux ans pour faire modifier la manière dont le recueil de consentement est opéré par le ministère de l'Education nationale. Il n'est pas question de demander au ministère le transfert de tous les résultats d'examen mais bel et bien de permettre au candidat ou à son représentant légal de bénéficier d'un choix éclairé au moment de se prononcer.

Pour la session des examens 2012, le ministère a consenti à apporter des améliorations dans les modalités de recueil du consentement. France-examen restera vigilant sur ce point afin que les candidats qui le souhaitent puissent retrouver dès l'année prochaine leur résultat au bac, au brevet et à tout autre examen (CAP, BEP, BTS…) dans la presse et sur internet, comme cela a toujours été le cas auparavant.

Source 2: Sélection Audio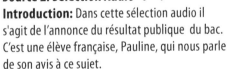

Introduction: Dans cette sélection audio il s'agit de l'annonce du résultat publique du bac. C'est une élève française, Pauline, qui nous parle de son avis à ce sujet.

1. Quel est le ton du passage?
   a. positif
   b. neutre
   c. humoristique
   d. polémique

2. Selon l'extrait audio, quelle est la raison pour laquelle Pauline est contre l'annonce du résultat public du bac?
   a. ses parents auront honte si elle ne l'a pas

   b. c'est trop stressant pour les élèves
   c. elle ne va pas aller au lycée pour voir les résultats affichés sur les portes
   d. on montre seulement les résultats de certains élèves

3. Dans le passage, qu'est-ce que la phrase «[…] seul le site internet du ministère, dédié à la publication des résultats, Publinet, dispose d'une liste complète des résultats» veut dire?
   a. Publinet possède tous les résultats du bac
   b. uniquement Publinet a le droit de jeter les résultats à la poubelle
   c. Publinet cache les résultats du bac
   d. Publinet est le seul site à ne pas avoir les résultats complets

4. D'après Pauline, quand va-t-elle passer son bac?
   a. dans quelques années
   b. elle l'a déjà passé l'année dernière
   c. l'année prochaine
   d. quand elle aura 15 ans

5. Selon le passage, France-examen aimerait que:
   a. les élèves soient obligés de faire publier leurs résultats
   b. le ministère s'occupe de tous les résultats
   c. les familles des élèves n'aient pas le choix concernant la publication des résultats
   d. les familles des élèves aient la possibilité de choisir si les résultats sont publiés

TIPS AND TRICKS CHECKLIST

Chapter	Tip
0	Identify the register
	Begin and end well
1	Use your time wisely

Trick
Choose *tu* or *vous*
Practice your introductions
Practice your closing

Block your time

TIP: USE YOUR TIME WISELY

Trick: Block your time

Your response should be about 150 words in length. In order to complete the task, you will have to manage your time well. A good rule of thumb is to give yourself three minutes to read, ten minutes to write, and two minutes to revise. The last two minutes are often overlooked by students, but they are crucial to review your work, including verb conjugations, adjective agreement, and spelling.

 LIRE **ECRIRE**

Practice reading the prompt in three minutes or less.

C'est à vous

OPTION 1: Complete the task.

OPTION 2: Attempt to complete the task within the timeline outlined. Be sure to save the last two minutes for revisions.

<table>
<tr>
<td>

You will write a reply to an e-mail message. You have 15 minutes to read the message and write your reply. Your reply should include a greeting and a closing and should respond to all the questions and requests in the message. In your reply, you should also ask for more details about something mentioned in the message. Also, you should use a formal form of address.

</td>
<td>

Vous allez écrire une réponse à un message électronique. Vous aurez 15 minutes pour lire le message et écrire votre réponse. Votre réponse devrait débuter par une salutation et terminer par une formule de politesse. Vous devriez répondre à toutes les questions et demandes du message. Dans votre réponse, vous devriez demander des détails à propos de quelque chose mentionnée dans le texte. Vous devriez également utiliser un registre de langue soutenue.

</td>
</tr>
</table>

Introduction: C'est un message électronique d'Aata Ofati du Lycée privé Michou Chaze. Vous recevez ce message parce que vous avez envoyé une demande pour savoir si vous pouvez être inscrit(e) à cette école à la rentrée.

Papeete, le 3 mai 2015

De: Aata Ofati

Mademoiselle, Monsieur,

Bienvenue à Tahiti. Nous sommes ravis de vous accueillir. Nous vous remercions de votre intérêt et vous demandons quelques informations supplémentaires en ce qui concerne votre demande de poursuivre vos études au Lycée Privé Michou Chaze à partir du mois d'août. Cela vous donnera l'occasion de nous expliquer vos motivations en plus de détails.

- Pourquoi avez-vous choisi d'étudier à Tahiti?
- Pourquoi préféreriez-vous une école privée?

Dès que je serai en possession de toutes les informations nécessaires, je vous contacterai pour finir votre demande.

Bien cordialement

Aata Ofati
Lycée privé Michou Chaze

Presentational Writing: Persuasive Essay

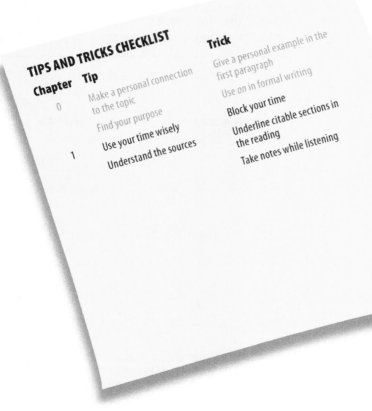

TIPS AND TRICKS CHECKLIST

Chapter	Tip	Trick
0	Make a personal connection to the topic	Give a personal example in the first paragraph
	Find your purpose	Use *on* in formal writing
1	Use your time wisely	Block your time
	Understand the sources	Underline citable sections in the reading
		Take notes while listening

TIP: USE YOUR TIME WISELY

Trick: Block your time

With approximately 55 minutes to complete this task, it is important to break down each step so you are sure to complete everything. The directions state that you have 6 minutes to read the printed materials. This includes the topic, the introductions for all three sources and the text of source 1. You are going to need to read QUICKLY. Start with the topic and the introductions because you want to be as prepared as possible when the audio begins to play. If you are reading the passage when the audio begins, do not panic. The text will still be there when the audio is over! The audio will play twice (you'll be taking notes, but we'll cover that later) and it should take about 10 minutes. This, of course, depends on the length of the audio. Once the audio ends you have 40 minutes to produce your essay. In reality, you only have 35 minutes to write because every good writer knows it is smart to have 5 minutes at the end for revisions. You absolutely must read your essay after you write it.

TIP: UNDERSTAND THE SOURCES

Trick: Take notes while listening

The audio is played twice, and only twice. You've got two chances to absorb a lot of information, so note taking is crucial. Numbers and statistics are always difficult to process quickly, but data can help justify your opinion. Be sure to focus on identifying the numbers in the audio and write them down. Also avoid full sentences. Instead use verbs, nouns and small pictures. Visualizing the audio in your mind will help you remember anything you do not get down on paper. Every time you do listening in class this year, take notes. This is an art, and you will become better and better with each attempt.

Trick: Underline citable sections in the reading

In the 6 minute window before the audio, as well as the first few minutes of your 35 minute writing block, be sure to mark up the reading passage. You do not have time to go searching in the passage for something you've already read. Instead, underline important words, draw arrows to sentences and make notes in the margins (in English or French). Remember, these notes are not graded.

ECRIRE

C'est à vous

OPTION 1: Complete the task.

OPTION 2: Practice reading the printed materials in six minutes. Then, identify citable points in the text and the audio. Finally, provide your own opinion.

<table>
<tr>
<td>

You will write a persuasive essay to submit to a French writing contest. The essay topic is based on three accompanying sources, which present different viewpoints on the topic and include both print and audio material. First, you will have 6 minutes to read the essay topic and the printed material. Afterward, you will hear the audio material twice; you should take notes while you listen. Then, you will have 40 minutes to prepare and write your essay. In your persuasive essay, you should present the sources' different viewpoints on the topic and also clearly indicate your own viewpoint and defend it thoroughly. Use information from all of the sources to support your essay. As you refer to the sources, identify them appropriately. Also, organize your essay into clear paragraphs.

</td>
<td>

Vous allez écrire un essai persuasif pour un concours d'écriture de langue française. Le sujet de l'essai est basé sur trois sources ci-jointes, qui présentent des points de vue différents sur le sujet et qui comprennent à la fois du matériel audio et imprimé. Vous aurez d'abord 6 minutes pour lire le sujet de l'essai et le matériel imprimé. Ensuite, vous écouterez l'audio deux fois; vous devriez prendre des notes pendant que vous écoutez. Enfin, vous aurez 40 minutes pour préparer et écrire votre essai. Dans votre essai, vous devriez présenter les points de vue différents des sources sur le sujet et aussi indiquer clairement votre propre point de vue que vous défendrez à fond. Utilisez les renseignements fournis par toutes les sources pour soutenir votre essai. Quand vous ferez référence aux sources, identifiez-les de façon appropriée. Organisez aussi votre essai en paragraphes bien distincts.

</td>
</tr>
</table>

Vous aurez 6 minutes pour lire le sujet de l'essai, la source numéro 1 et la source numéro 2.

Sujet de la composition:

Les livres traditionnels ou les livres numériques, lesquels devrait-on utiliser à l'école?

Source 1: 📖 **Introduction**

Dans cette sélection il s'agit des livres en papier et des livres numériques. Cet extrait vient d'un article qui a été publié en novembre 2011 sur le site www.consoglobe.com.

Livre papier vs livre numérique : lequel est le plus écolo?

Même si la lecture sur support numérique reste marginale en France, elle grignote peu à peu des parts de marché. Outre le côté pratique du livre dématérialisé, les pro e-books avancent souvent l'argument d'une consommation du livre plus verte. Qu'en est-il réellement? Le livre électronique est-il plus écolo que son homologue en papier?

Ligne

5

Le livre numérique fait une entrée sur la pointe des pieds en France. Il ne représente aujourd'hui que 0,5% des ventes de livres dans l'Hexagone. Mais le développement des liseuses et l'arrivée du fameux Kindle en octobre dernier chez Amazon changent peu à peu les habitudes de lecture. Dans l'esprit de la dématérialisation des objets comme cela a été le cas avec le MP3 rendant nos vieux CD tout poussiéreux, le livre numérique avance un argument de poids en faveur de l'écologie: plus de papier donc plus de déforestation.

Mais est-ce aussi simple que cela? Le livre numérique est-il vraiment plus écolo que son vieil ancêtre en papier?

10

Le marché du livre numérique dans le monde

Outre-atlantique, le livre numérique a déjà fait ses preuves. Sur le marché du livre, l'e-book aux Etats-Unis est passé de 0,6% des parts de marché en 2008 à 6,8% aujourd'hui.

Les romans version électronique en sont les grands gagnants: ils représentent 13,6% des revenus nets alors que la version papier a chuté de 25,7% en 2010.

15

Le n°1 du marché de l'e-book aux Etats-Unis est Amazon, qui capte 70% des utilisateurs avec son Kindle Store. La librairie virtuelle propose 950.000 titres.

Les Britanniques sont les autres « e-lecteurs » dans le monde, avec une part de marché proche de celle des Etats-Unis, 6%. Ceci s'explique certainement par la large mise à disposition de titres en anglais.

20

En France, même si le taux de lecture de livres numériques progresse tout doucement : 8% des Français ont déjà lu un livre numérique en 2011 (contre 5% en septembre 2009 – source SNE), la consommation d'e-book reste marginale. De plus, les Français paraissent peu enclins à payer pour un livre dématérialisé. Le baromètre GFK indiquait dernièrement que 77% des téléchargements d'e-books concernaient les gratuits.

(continued next page)

Le livre numérique est-il vraiment écolo?

25 Si on s'attache au fait qu'un e-book ne nécessite ni bois, ni transport, on peut s'attendre à ce que son empreinte écologique soit bien inférieure à celle de son homologue en papier. A l'inverse, en terme de production, on s'accorde à penser que la fabrication d'une liseuse numérique comme un Kindle par exemple coûte bien plus cher à l'environnement que l'impression d'un seul livre papier.

Pourtant, parce que l'on achète qu'une seule fois une liseuse numérique pour y stocker quantité de livres électroniques (environ 200 selon les modèles), et que l'on achète plusieurs unités de livres en papier par an (16 livres par an et par 30 Français environ), la balance devrait pencher du côté de la version numérique.

L'empreinte carbone des livres

Lorsque l'on prend en considération toute la chaîne de production d'un livre papier jusqu'à son transport, on considère qu'il coûte 7,5 kg en équivalent carbone, selon le cabinet de consultants Cleantech.

35 En outre, pour ce qui est de la version papier du livre, le transport est l'une des étapes impactant le plus l'environnement. Il intervient tout au long de la conception de l'ouvrage, pour acheminer les matières premières, puis du papetier à l'imprimeur, et de l'imprimeur aux plateformes logistiques pour assurer la distribution.

Toujours selon Cleantech, un Ipad d'Apple équivaut à 130 kg d'équivalent carbone pendant tout son cycle de vie ; un Kindle équivaut à 168 kg. […]

La consommation d'eau

40 L'eau est également une source importante intervenant dans la production d'un livre. Alors qu'il faut 27 litres d'eau pour produire un livre papier, il en faut moins de 500 ml pour fabriquer un e-book. Par contre, 300 litres d'eau sont nécessaires à la fabrication d'une liseuse. A partir d'une douzaine d'e-books, on peut commencer à économiser de l'eau. […]

Les produits chimiques

De nombreux produits chimiques entrent dans le processus de fabrication d'un livre papier : colles, agents de résistance, 45 colorants, azurants optiques, antimousses… Et c'est sans parler du blanchiment du papier pour lequel l'utilisation de chlore, extrêmement polluant est nécessaire.

Autre élément des plus polluants dans la conception d'un ouvrage papier, l'encre. Cependant, des avancées technologiques permettent d'imprimer les livres avec des encres végétales, élaborées à partir de colza ou de soja. Par contre, seule la bonne foi de l'éditeur permet de s'assurer que ces encres végétales ne sont pas élaborées à partir d'huile de palme, ni ne 50 contiennent d'OGM.

La plupart des imprimeurs continuent à opter pour l'impression standard, pour des questions de coût évidemment.

Concernant la fin de vie, que ce soit pour la version numérique ou la version papier, l'absence de recyclage génère une forte pollution. …]

Quelle serait alors la meilleure solution?

55 Quels que soient les chiffres sur lesquels on se base, la balance penche sérieusement du côté du livre en papier recyclé, qui reste la manière la plus écologique de lire.

Source 2: Sélection Audio 🎧

Introduction

Dans cette sélection, il s'agit des livres numériques destinés aux jeunes. Cet extrait audio vient d'un article intitulé *Pour la jeunesse, les livres numériques sont plus souvent interactifs et multimédia*, tiré du site www.livreshebdo.fr.

Source 3: 🔍

Introduction

Dans cette sélection, il s'agit du prix des livres de poche, des livres cartonnés et des livres numériques. Ces informations ont paru dans le magazine PC Pro en juin 2011.

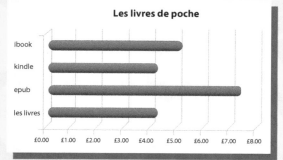

1.00 € = £ .81

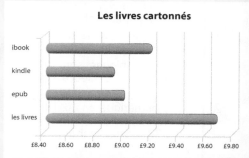

TIPS AND TRICKS CHECKLIST

Chapter	Tip	Trick
0	Identify the register	Choose *tu* or *vous*
	Begin and end well	Practice your introductions
		Practice your closing
1	Read the outline well	Underline the type of response
		Determine if your response will be affirmative or negative

Trick: Underline the type of response

In every conversation there is an intended type of response. The AP exam actually tells you what to say! Don't overlook this in the outline. It will state something like: ask, accept, decline, invite, refuse, suggest, express, etc. Be sure to underline this so you provide the correct type of response. If not, you will automatically receive a 2 on this task due to partial completion.

Trick: Determine if your response will be affirmative or negative

As you're reading the outline, write down a big plus or minus sign next to responses that have to be affirmative or negative. This will help you remember during the actual task. For example: «*Déclinez son invitation et proposez une alternative.*» You would write a minus sign, or NO next to that response. You should have some go-to phrases for both types of responses.

ECRIRE

Below are a few go-to phrases to help you respond to both positive and negative prompts. Add your favorite phrases to the list, and then share your ideas with the class.

AFFIRMATIVE	NEGATIVE
Félicitations	C'est dommage
Je suis contente pour toi/vous	Ne t'inquiète pas – Ne vous inquiétez pas
Quelle surprise	Je ne suis pas d'accord

PARLER

C'est à vous

OPTION 1: Complete the task.

OPTION 2: Read the outline and be prepared to respond affirmatively and/or negatively as indicated.

You will participate in a conversation. First, you will have 1 minute to read a preview of the conversation, including an outline of each turn in the conversation. Afterward, the conversation will begin, following the outline. Each time it is your turn to speak, you will have 20 seconds to record your response. You should participate in the conversation as fully and appropriately as possible.	Vous allez participer à une conversation. D'abord, vous aurez une minute pour lire une introduction à cette conversation qui comprend le schéma des échanges. Ensuite, la conversation commencera, suivant le schéma. Quand ce sera à vous de parler, vous aurez 20 secondes pour enregistrer votre réponse. Vous devriez participer à la conversation de façon aussi complète et appropriée que possible.

Introduction

C'est une conversation avec Ludovic, un camarade de classe. C'est la fin de l'été et vous discutez de l'année scolaire qui arrive.

Ludovic	• Il vous salue et vous demande comment se sont passées les vacances.
Vous	• Répondez d'une manière positive en lui posant la même question.
Ludovic	• Il vous demande si vous êtes prêt(e) pour la rentrée.
Vous	• Expliquez que vous êtes préoccupé(e) par le stress des décisions qui approchent en troisième.
Ludovic	• Il vous demande de lui expliquer plus précisément de quoi vous parlez.
Vous	• Donnez-lui deux exemples de ce qui vous inquiète.
Ludovic	• Il exprime sa compréhension et vous dit qu'il vient de prendre sa décision concernant la voie qu'il va poursuivre.
Vous	• Félicitez-le pour sa décision et commentez sur la voie qu'il a choisie.
Ludovic	• Il vous assure que tout va s'arranger en ce qui concerne vos inquiétudes.
Vous	• Dites au revoir et que vous vous en reparlerez après la rentrée.

Presentational Speaking: Cultural Comparison

TIPS AND TRICKS CHECKLIST

Chapter	Tip	Trick
0	Find the appropriate register	Stay formal
1	Start well	Address your audience and announce the topic
		Know the directions
		Provide a summary statement
	Manage your time	
	Close well	

TIP: START WELL

Trick: Address your audience and announce the topic

Identify the audience in the instructions to decide on how to address them in your opening. To address a class of your peers, you should say *mes camarades* or *mes amis*, whereas a more formal audience would require *mesdames et messieurs*. Once you have addressed your audience, you'll want to announce the topic of your speech. Below are a few go-to phrases to help you get started.

- *Je voudrais vous parler de l'attitude des gens dans ma région envers...*
- *Aujourd'hui, je vais discuter de l'importance de...*
- *Je vais commencer par l'analyse de... Ensuite, je vais contraster mes observations avec...*

TIP: MANAGE YOUR TIME

Trick: Know the directions

The exam allows 4 minutes to read the prompt and prepare a 2 minute speech. You will have one minute to read the instructions and four minutes to prepare your presentation. The instructions don't change, so consider this a 1-minute brainstorming session. Write your outline skeleton (see strategy in next chapter) and jot down any vocabulary that might be helpful. In the remaining four minutes, fill in your outline.

TIP: CLOSE WELL

Trick: Provide a summary statement

Every good speech has a solid closing statement, but you don't need fancy language to include this. Stick with a simple phrase such as:

- *Donc*
- *On voit que...*
- *Pour finir*
- *En somme*
- *Pour conclure*

C'est à vous

OPTION 1: Complete the task.

OPTION 2: Write a solid introduction and closing for your speech.

You will make an oral presentation on a specific topic to your class. You will have 4 minutes to read the presentation topic and prepare your presentation. Then you will have 2 minutes to record your presentation. In your presentation, compare your own community to an area of the French speaking world with which you are familiar. You should demonstrate your understanding of cultural features of the French-speaking world. You should also organize your presentation clearly.

Vous allez faire un exposé pour votre classe sur un sujet spécifique. Vous aurez 4 minutes pour lire le sujet de présentation et préparer votre exposé. Vous aurez alors 2 minutes pour l'enregistrer. Dans votre exposé, comparez votre propre communauté à une région du monde francophone que vous connaissez. Vous devriez montrer votre compréhension des facettes culturelles du monde francophone. Vous devriez aussi organiser clairement votre exposé.

Sujet de la présentation:

Quel système éducatif, celui de la France ou celui des États-Unis, prépare mieux les élèves à la vie active du point de vue des connaissances acquises aussi bien que du point de vue social?

On y va!

A l'heure ou en retard; il faut s'organiser

Respecter la chronologie

Dessiné par Cora Olson

1.  LIRE

Regardez la bande dessinée pour identifier les différentes étapes nécessaires à la préparation d'un voyage.

2. ECRIRE

Réorganisez les activités ci-dessous selon l'ordre chronologique de la bande dessinée.

1. Arnaud achète son billet sur le site www.scnf.fr _____
2. Arnaud composte son billet _____
3. Arnaud consulte le Guide du Routard pour préparer son voyage _____
4. Arnaud demande la durée du trajet du train _____
5. Arnaud écoute les annonces d'arrivée au haut parleur _____
6. Arnaud fait ses valises _____
7. Arnaud prend le train pour aller à la gare _____
8. Arnaud prend un taxi pour aller à l'hôtel _____
9. Arnaud se présente à la réception de l'hôtel _____
10. Arnaud trouve son quai _____
11. Arnaud va dans une boulangerie pour acheter un pain au chocolat et demande si l'accès Internet par le wifi est disponible _____

3.  PARLER

Utilisez les mots du tableau ci-contre pour décrire les étapes du voyage d'Arnaud.

4. SE CONNECTER

Allez plus loin sur notre site.

5. ECRIRE PARLER

Comparez votre façon de voyager avec celle d'Arnaud.

Est-ce que votre famille fait des voyages comme Arnaud? Quelles sont les différences?

	ARNAUD	MOI
la préparation		
la durée		
le nombre de valises		
le mode de transport		
les destinations		

Lire un horaire

Départ	Heure	Destination	Arrivée
MARSEILLE	08H20	PARIS	11H40
BRUXELLES	16H46	LIÈGE	17H31
LILLE	13H10	BRUXELLES	13H44
PARIS	14H00	BRUXELLES	15H25
REIMS	06H30	PARIS	07H37
LYON	15H34	GENÈVE	17H16
PARIS	08H05	LYON	10H07

1.  LIRE   ECOUTER

Regardez les horaires ci-dessus et écoutez les conversations.

Quelles sont les différences?

2. ECRIRE

Exprimez l'heure officielle dans une conversation.

1. 13h15 ...le train part dans dix minutes! Dépêchons-nous!

2. 0h ...nous avons raté le vol.

3. 6h30 ...réveille-toi, nous partons dans une demi-heure.

3. ECRIRE

Expliquez le plan de voyage en utilisant les horaires ci-dessus.

Modèle: de Marseille à Bruxelles

Le train de Marseille à Paris part à 8h20 et arrive vers 11h30. On attend à la gare jusqu'à 14h. Le train pour Bruxelles arrive à 15h25.

1. de Lille à Liège

2. de Reims à Lyon

3. de Paris à Genève

POINT
GRAMMAIRE

Heure officielle	Heure dans une conversation
8h	Il est huit heures du matin
12h	Il est midi
0h	Il est minuit
18h	Il est six heures du soir

POINT
RAPPEL

Indiquer la durée

un espace de temps: **de** 10h **à** 13h

une limite: **jusqu'à** 23h59

l'heure approximative: **vers** 12h

l'heure exacte: **à** 9h30

l'heure exacte: **à** 16h **pile**

TGV de ennn avion taxi
d'abord après pour
valider

Exprimer ses préférences vis-à-vis d'un horaire

Arnaud – Salut Didier, as-tu vu l'horaire des trains?

Didier – Oui, je le regarde maintenant. A quelle heure est-ce que tu veux que je vienne à Lyon jeudi?

Arnaud – J'aimerais que tu viennes avant 10h parce que nous allons visiter la basilique Notre-Dame de Fourvière avant le déjeuner.

Didier – Ah bon? C'est chouette, il est important que nous visitions la basilique. Tu sais que je suis passionné de photos....Où devrions-nous déjeuner, pour être près de la basilique?

Arnaud – Il est nécessaire que nous déjeunions au Petit Dauphin. Sophie et Clémentine vont nous y rejoindre à midi.

Didier – Sophie et Clémentine?

Arnaud – Bien sûr, il faut que tu fasses la connaissance de mes amies. Sophie aime bien faire des photos, et elle est belle, blonde...et célibataire!

Didier – Tu rigoles! Alors, il y a quelques trains qui partent avant 10h. Lequel veux-tu que je prenne?

Arnaud – Je préfère que tu prennes le train de 7h55. Je t'attendrai à la gare.

Didier – D'accord, à jeudi.

Arnaud – Vivement jeudi!

---

1. ECOUTER LIRE

Vous allez entendre une conversation entre Arnaud et Didier. Couvrez la conversation avec une feuille de papier et écoutez.

2. PARLER

Répondez aux questions suivantes.

1. Où va Didier?
2. Quand?
3. Qu'est-ce qu'ils vont faire?
4. A quelle heure est son train?

3. LIRE

Maintenant, lisez la conversation.

4. ECRIRE

Utilisez la transcription de la conversation pour compléter les phrases ci-dessous.

1. A quelle heure est-ce que tu veux _____ je vienne à Lyon jeudi?

2. _____ que nous visitions la basilique.

3. Il est nécessaire que _____ au Petit Dauphin

POINT GRAMMAIRE

Pour former une phrase de préférence ou de nécessité, il y a trois éléments importants:

1. La cause   **2.** Le deuxième sujet   **3.** Le deuxième verbe

LA CAUSE:	LE SUBJONCTIF: 2e sujet + (3e personne pluriel -ent)
Il faut que	-e
Il est important que	-es
Il est nécessaire que	-e
Je veux que	-ions
Je préfère que	-iez
J'aimerais que	-ent

Modèle:

La Cause : il faut que
Le Subjonctif : nous + parler
        3e personne pluriel de parler : parlent
        Radical : PARL̲̲̲̲-ent
Il faut que nous parlions en français.

Il y a quelques radicaux irréguliers:
Savoir :   sach-
Pouvoir :   puiss-
Faire: fass-
*Aller: aill- /all-
*Vouloir: veuill- / voul-
Vouloir et Aller ont deux radicaux

être	
Je sois	Nous soyons
Tu sois	Vous soyez
Il/Elle soit	Ils/Elles soient

avoir	
J'aie	Nous ayons
Tu aies	Vous ayez
Il/Elle ait	Ils/Elles aient

S'il n'y a qu'un seul sujet, le deuxième verbe sera l'infinitif.
Exemple: Elle veut passer ses vacances au Maroc.

5.

Lisez les phrases et donnez l'infinitif du verbe souligné.

1. A quelle heure est-ce que tu veux que je <u>vienne</u> à Lyon jeudi?

2. J'aimerais que tu <u>viennes</u> avant 10h parce que nous allons visiter la basilique Notre-Dame de Fourvière avant le déjeuner.

3. Il est important que nous <u>visitions</u> la basilique.

4. Il est nécessaire que nous <u>déjeunions</u> au Petit Dauphin.

5. Il faut que tu <u>fasses</u> la connaissance de mes amies.

6. Lequel veux-tu que je <u>prenne</u>?

7. Je préfère que tu <u>prennes</u> le train de 7h55.

6.

Faites correspondre les causes avec les verbes au subjonctif:

Il est nécessaire que	nous visitions la basilique
J'aimerais que	tu viennes avant 10h
Tu veux que	tu fasses la connaissance de mes amies.
Il faut que	tu prennes le train de 7h55
Je préfère que	je vienne à Lyon jeudi?
Il est important que	nous déjeunions au Petit Dauphin.

7.

Déterminez le mode: Subjonctif ou indicatif ? S'il n'y a pas deux sujets différents et une cause, le verbe sera à l'indicatif et non pas au subjonctif. Analysez les phrases ci-dessous. Sur une feuille de papier, reproduisez le tableau ci-dessous et complétez-le, en utilisant les phrases.

Le premier sujet	Le premier verbe	QUE	Le deuxième sujet	SUBJONCTIF ou INDICATIF	La phrase en anglais

1. Il faut que tu fasses ta valise.

2. Je dois partir vers midi.

3. Ils veulent que je leur rende visite.

4. Tu veux faire un voyage.

5. Nous ne voulons pas que tu partes.

8.

Complétez le tableau suivant.

INFINITIF		PRÉSENT	SUBJONCTIF	
attendre	ils		Il faut que les voyageurs	le train.
acheter	ils		Je veux que tu	un billet.
partir	ils		Tu aimerais que je	vers 9h.
voyager	ils		Il est important que nous	ensemble.
faire	ils		Il est nécessaire que tu	attention à la gare.

9. ECRIRE PARLER

Copiez la structure ci-dessous et formez les phrases suivantes en français.

1. It is important that we be on time.

	ANGLAIS	FRANÇAIS
La cause:	_____	_____
Le deuxième sujet:	_____	_____
Le deuxième verbe (au subjonctif):	_____	_____
La phrase:	_____

2. My mom wants me to take the 5 PM train.
3. I want you to go to Paris with me.
4. I would like for him to come to Dakar in June.
5. It is important that she validate her ticket.

10.  ECRIRE PARLER

Arnaud vient chez vous cet été. Faites une liste de sept choses que vous voulez qu'il fasse.

Modèle: Je veux qu'il fasse la connaissance de notre mère, et qu'il rencontre ma famille.

OBJECTIF
Bien se préparer à voyager

1.  PARLER

Regardez le pense-bête et faites des phrases complètes en utilisant les structures générales et spécifiques.

> *Pense-bête*
> *faire les valises*
> *acheter les billets*
> *valider les billets*
> *aller à la banque*
> *recharger le portable*
> *acheter un nouveau maillot de bain*
> *chercher la crème solaire*

POINT GRAMMAIRE

il est important il est essentiel il est bon	d'acheter les billets en avance.	il faut acheter les billets en avance.
général (infinitif, un seul sujet)		
il est important il est essentiel il est bon	que vous achetiez les billets en avance	
spécifique (subjonctif, deux sujets)		

PENSE-BÊTE POUR BIEN FAIRE SES VALISES ET PRÉPARER SON VOYAGE

Avion, train, bateau: les voyages nécessitent de ne rien oublier. Réussir ses vacances loin de chez soi requiert donc une préparation soignée de sa valise.

Voyager, en train ou en avion, impose d'emporter avec soi un minimum d'affaires. Il est indispensable de ne pas oublier l'essentiel pour ne pas se trouver en difficulté lors du voyage ou une fois arrivé à destination.

Six conseils indispensables pour bien préparer son départ

On ne rate pas ses vacances en oubliant de mettre un maillot de bain dans la valise mais en n'ayant aucun document à fournir après s'être fait voler ses papiers ou en se trouvant dépourvu du médicament que l'on doit prendre habituellement.

Souvenez-vous donc qu'un long déplacement peut très vite se transformer en «galère», voire en «cauchemar», quand on a oublié de prendre un minimum de précautions. Avant de penser à la tenue que vous allez mettre à la plage ou au ski, pensez à tout ce qui risque de vous mettre en difficulté en cas d'oubli ou de problème.

A cet effet, vous pouvez lire «Faire un beau voyage, les précautions pour réussir ses vacances», mais voici six points essentiels auxquels il vous faut penser :

1. Passeport, titres de transport, fiches et numéros de réservations diverses, adresses des lieux de rendez-vous (hébergements, véhicule, lieu d'embarquement), horaires de rendez-vous, certificats de vaccination et de santé, facture d'appareil photo ou caméra… sont tous à photocopier (une copie par personne). Gardez un exemplaire sur vous, si vos originaux sont en soute, ou l'inverse. Notez aussi les numéros des chèques de voyage sur un papier que vous garderez avec vous.

2. Pour un pays de langue étrangère, munissez vous d'un petit dictionnaire bilingue avec quelques formules passe-partout, pour pouvoir communiquer un peu. Joignez-y un carnet et un crayon: sur place, si vous ne comprenez pas, vous pourrez toujours faire écrire quelques mots ou faire tracer un plan sur une page.

3. Emportez la dose complète de médicaments liés à votre traitement en cours, si c'est le cas, et votre ordonnance médicale (dont vous aurez laissé une copie chez-vous). Prévoyez à l'avance les vaccins indispensables. Emportez des pastilles de traitement de l'eau et les médicaments nécessaires au traitement des problèmes que vous risquez de rencontrer (parlez de votre voyage à votre médecin suffisamment tôt).

4. N'oubliez pas d'emporter cartes, plans de ville et plans de situation des lieux de rendez-vous (cherchés sur Internet et imprimés). Consultez-les avant les départs et rendez-vous, afin de vous familiariser avec les lieux et leur situation, précaution utile dans le cas où vous utiliseriez des moyens de déplacement locaux, pour déceler ceux qui vous font faire des trajets plus longs que nécessaire.

5. Côté argent, à plusieurs, répartissez la somme entre les diverses personnes, en petites quantités. Si vous êtes seul(e), placez un peu d'argent dans plusieurs lieux (poche du pantalon, sac, poche du blouson, porte-monnaie dans la sacoche…).

6. Sur une fiche rédigée dans la langue du pays d'accueil, indiquez vos coordonnées, celles des personnes à joindre en cas de problème (pensez aux indicatifs internationaux de téléphone), votre groupe sanguin (ex : "My blood type is O+"), les indications d'urgence médicale, les coordonnées de votre lieu d'hébergement. Photocopiez cette fiche et gardez-en toujours une avec vous et une autre dans un sac ou une valise.

Une valise ou un sac bien fait est une valise ou un sac bien plein

Chaque compagnie aérienne a ses conditions de bagages (poids, volume, nombre). Renseignez-vous. Attention aux petites compagnies de vols intérieurs qui sont parfois très exigeantes.

Adaptez vos bagages exactement au volume de ce que vous emportez. Remplissez-les au maximum pour éviter d'abimer vos affaires et de froisser le linge.

Utilisez des sacs plastiques pour emballer séparément tout ce qui n'est pas du linge.

Ne vous chargez pas inutilement de vêtements. Sur place, il sera toujours possible de compléter si nécessaire. Privilégiez le confort pour la destination visée, et ce qui se nettoie très facilement sans se froisser.

Les vêtements longs sont indispensables quelle que soit la destination. S'ils ne servent pas pour sortir, ils peuvent être nécessaires pour des questions religieuses ou sociales, pour se protéger des insectes (taons, moustiques…), faciliter une guérison de brûlure par le soleil, s'abriter de la poussière…

Pensez à emporter un sac à dos dans vos valises (pour vos promenades et pour ramener les souvenirs), une gourde thermos, un canif décapsuleur, une mini trousse de couture, un couvre-chef.

Anti-moustiques, piles de rechange, lotions solaires coûtent souvent bien moins cher en France (métropolitaine). Emportez-les emballés dans des sachets étanches.

Placez en valises de soute tout object coupant ou pointu (pince et lime à ongles, pince à épiler, canif…) et les produits de beauté et votre trousse de toilette (privilégiez les échantillons récupérés au cours de l'année!).

Le bagage à main, sac ou valise de cabine

Depuis la France, vous n'avez droit qu'à un seul bagage à main (5 kg par personne et de dimensions règlementaires).

Placez-y, pour ne pas être pris au dépourvu en cas de problèmes avec vos bagages:

un vêtement de rechange,

des médicaments pour plusieurs jours,

un nécessaire rudimentaire de toilette,

une paire de lunettes de vue de rechange et des lunettes de soleil,

vos objets de valeur (ordinateur, matériel photographique, bijoux),

des pellicules ou cartes mémoire, accus ou piles rechargeables, chargeur, un adaptateur de prises de courant,

une petite lampe torche ou frontale,

vos documents importants,

les plans, le dictionnaire linguistique.

Une astuce: si vous voyagez à plusieurs, ne faites surtout pas un bagage par personne, mais au contraire répartissez les effets de tout le monde dans chaque bagage, un bon moyen pour que l'un d'entre vous ne soit pas pris totalement au dépourvu en cas de problèmes de bagages.

—Jean-Luc Mercier, Bergerac-France, 18 juin 2010

2. LIRE  ECRIRE

Lisez l'article. Faites une liste d'au moins dix tâches générales pour la préparation d'un voyage, puis une liste spécifique pour les membres de votre famille.

OBJECTIF

Comparer les vacances

Haylie: Hé, Arnaud, j'ai besoin de ton aide. Je dois faire une comparaison de vacances pour mon cours de français. Je ne sais pas par où commencer...

Arnaud: Ne t'inquiète pas, au collège, j'ai dû rédiger un exposé au sujet de mes vacances. Veux-tu que je te l'envoie? Comme ça tu pourras voir un exemple.

Haylie: Oui, tu me sauves! Je déteste lire des graphiques...c'est trop difficile. Je ne les comprends jamais.

Arnaud: T'es dingue, les graphiques sont faciles à comprendre. Tu peux t'exercer avec ma présentation!

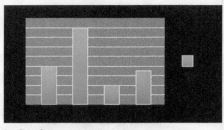

La Durée

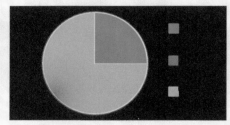

Le Transport

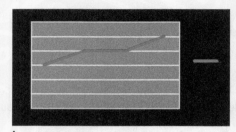

Les voyageurs

Les types de graphiques

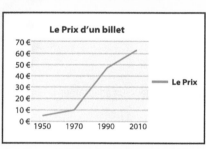

Un camembert

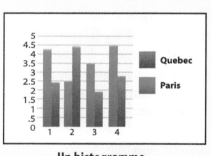

Un graphique en courbes

Un histogramme

---

1. **LIRE**

Arnaud et Haylie font un chat vidéo sur Internet. Ils discutent de leurs devoirs. Lisez leur conversation.

2. **LIRE** **PARLER**

Répondez aux questions.

1. Quel est le but d'un graphique?
2. Quels sont les mots de vocabulaire importants?

3. **PARLER**

Identifiez les éléments.

1. Quel type de document est-ce?
2. Identifiez ces éléments du graphique:
   - L'axe des coordonnées
   - L'axe des abscisses
   - Le titre
   - L'unité
   - La légende

3. Quel type de graphique aimez-vous le plus et pourquoi? Expliquez.

Analyser un document

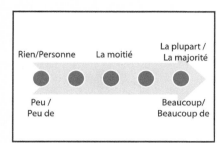

La majorité des français voyagent en train. Peu de français voyagent en voiture.

Le prix augmente entre 1950 et 2010.

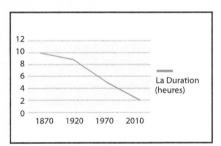

La durée du voyage diminue entre 1870 et 2010.

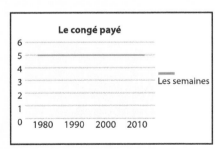

Les congés payés sont stables entre 1980 et 2010.

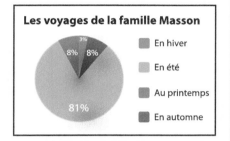

La famille Masson voyage en été 81 pour cent du temps.

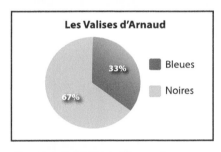

Un tiers des valises d'Arnaud sont bleues.

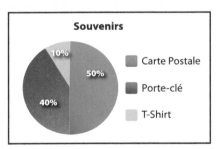

La moitié des souvenirs d'Arnaud sont des cartes postales.

4.

Décrivez les voyages d'Arnaud.

1. Lisez la présentation d'Arnaud.
2. Posez les mêmes questions
3. Faites (au minimum) cinq phrases qui décrivent ses vacances.

5. SE CONNECTER

Allez plus loin sur notre site : Choisissez un article sur le portail de l'étudiant et faites les activités suivantes.

1. Lisez l'article
   a. Quel est le but de l'article/ du graphique?
   b. Quels sont les mots importants?

2. Identifiez les éléments
   a. Quel type de document est-ce?
   b. Pouvez-vous identifier ces éléments du graphique:
      L'axe des coordonnées
      L'axe des abscisses
      Le titre
      L'unité
      La légende
   c. Quelle est la source?

3. Analysez le document et notez quelques observations.

4. Écrivez un paragraphe qui explique vos observations puis, un paragraphe qui les compare à votre vie. Finissez votre composition avec votre opinion sur la meilleure façon de voyager.

6.

Comparez les informations que vous avez rassemblées sur votre vie quotidienne et celle de vos camarades de classe.

Faites une présentation sur vos habitudes de voyages, sans oublier d'inclure une variété de graphiques.

Préparez-vous pour l'examen

TIPS AND TRICKS CHECKLIST

Chapter	Tip	Trick
0	Pre-read	Pre-read title and introduction to make predictions
	Overcome unknown vocabulary	Use prefixes and suffixes
		Look for familiar etymology
		Read everyday
1	Read quickly	Identify the 5 Ws
	Read critically	Identify the register
2	Find your reading purpose	read questions ahead of time so you can read with purpose
	Connect the passage to the purpose	underline key sentences

TIP: FIND YOUR READING PURPOSE

Trick: Read questions ahead of time

As soon as you are instructed to turn the page, begin absorbing information. You do not need to listen to the instructions because you already know them. While the narrator reads «*Vous aurez 1 minute pour lire l'introduction et parcourir les questions*» you should be jotting down a key word for each question.

For example «*Quel est le but de l'article?*» You would write **goal** or ***but*** next to that question.

Remember the most common multiple choice question topics are **goal**, **cultural connection**, **comprehension**, **register**, **definition**, and **tone.** You can also use more specific vocabulary if you so choose. You will only have 30 minutes to read 4-8 inputs and answer 40 questions, so you have to read with purpose.

Trick: Underline key phrases

Now that you've made predictions and identified the purpose (i.e., you know the questions), read the passage. As you read, underline phrases that will help you answer them.

TIP: CONNECT THE PASSAGE TO THE PURPOSE

 ECRIRE

Donnez l'orientation de chacune des questions suivantes.

1. Quel est le sens du mot «ouvrage» (ligne 11) tel qu'il est utilisé dans l'article?

2. Quelle surprise est décrite dans le dernier paragraphe?

3. Vous allez répondre à M. La Source pour lui demander plus d'informations. Comment devriez-vous formuler votre réponse?

4. En quoi ce mariage est-il symbolique?

5. Dans ce passage, quel est le ton de l'auteur?

6. Quel est le but principal de la publicité?

ECRIRE

C'est à vous   Complete the task while strategically answering questions based on the tips and tricks provided in this lesson.

The following text is accompanied by a number of questions. For each question, choose the response that is best according to the selection.	La sélection suivante est accompagnée de plusieurs questions. Pour chaque question, choisissez la meilleure réponse selon la sélection.

Introduction : Dans cette sélection il s'agit d'un voyage à Haïti. Le message original a été publié le 10 février 2005 au Canada par VoyageForum.com.

Re: [moisdejuin] Voyage à Haïti (en réponse à...)   **Répondre**   **Hal2005**
Québec (Canada)

10 février 2005 à 10:01

Bonjour moisdejuin,

Message 2 sur 18
Consulté 6 826 fois

Haiti fut mon 1er vrai voyage à la fin de mes études, mais j'ai toujours gardé un merveilleux souvenir de ce voyage, malgré notre jeunesse inconsciente qui nous a menés là-bas durant la révolution de Duvalier! Eh oui ! Petit budget d'étudiant ne nous permettait pas d'autres destinations aussi économiques. Du 1er janvier au 14 janvier et la température était super; soleil, soleil et soleil et la température de l'eau pour se baigner à la mer était aussi bonne que celle de mon bain! Je ne peux te dire comment t'y rendre de la Belgique puisque nous sommes parties du Canada.

Signaler ce message aux modérateurs

Adresse du message

Haut de la page

Nous étions à Jacmel, un beau petit village de la bourgeoisie qui y a déjà eu de belles résidences, qui ont été abandonnées avec le temps. Nous n'avons pas visité Port-au-Prince qui était sous les balles et n'avons pas insisté pour y demeurer non plus! Notre hôtel était tout petit, une trentaine de chambres, une très belle plage (sous la surveillance des "tontons macoute"). Nous avions un guide (Don Don) qui nous attendait à tous les jours à la porte de l'hôtel pour nous accompagner et répondre à nos questions. Il nous a organisé une excursion dans la montagne, à dos d'âne, traversant plantations de bananiers, cimetières isolés, petits villages de quelques habitants...et là-haut, le Bassin sans fond. Genre de formation dans les rochers qui était une merveille dans un pays si déchiré. Je garde de beaux souvenirs de cet endroit méconnu et aussi beau que bien d'autres plus populaires.

Aujourd'hui, la situation a-t-elle changée ? Oui, la révolution est terminée et Monsieur Duvalier est parti mais le pays ne s'est pas totalement reconstruit étant donné ses problèmes politiques. L'infrastructure touristique n'est pas celle des autres îles environnantes. Et il y a quelques mois, il y a eu des pluies diluviennes aux Gonaïves. Mais j'ai bien aimé ce pays, avec des gens bien sympathiques.

Ah oui, il y a environ 5 ans, nous nous sommes arrêtés à Labadee lors d'une escale au cours d'une croisière. Mais je crois que ce petit coin qui ressemble à un minuscule bras de mer est installé en fonction des croisiéristes qui envahisse la plage la durée de quelques heures. C'était en octobre, et avions eu du beau temps. Mais étant la saison des ouragans, ce n'est pas la saison que je choisirais pour un séjour à long terme.

Et voilà! Bon voyage!
par Hal2005

Ligne markers: 5, 10, 15, 20, 25, 30

1. Pour quelle raison l'article a-t-il été écrit?
   a. faire de la publicité pour le voyage
   b. donner des conseils
   c. exprimer les souvenirs d'un voyage
   d. exprimer le point de vue sur le Canada

2. Dans cet article, quel est le ton de l'auteur?
   a. didactique
   b. persuasif
   c. objectif
   d. mélancolique

3. Vous allez contacter l'auteur pour lui demander plus d'informations. Comment devriez-vous formuler votre demande?
   a. «Salut mec, as-tu des conseils pour acheter une valise ?»
   b. «J'aimerais voyager à Haïti cet été. Avez-vous d'autres conseils?»
   c. «Auriez-vous donc l'amabilité de bien vouloir m'envoyer des conseils pour voyager avec mon enfant ? Je vous remercie.»
   d. «Monsieur, j'habite aux Etats Unis! je n'ai pas besoin de voyager!»

4. Que veut dire l'expression «sous les balles»?
   a. l'objet d'attaques
   b. sous les ballons
   c. sous l'eau
   d. l'endroit bal

5. «...soleil, soleil et soleil et la température de l'eau pour se baigner à la mer était aussi bonne que celle de mon bain!» Selon l'auteur, comment est le temps à Haïti?
   a. fantastique sauf pendant l'automne
   b. incroyable toute l'année
   c. imprévisible
   d. l'auteur ne discute jamais de la météo

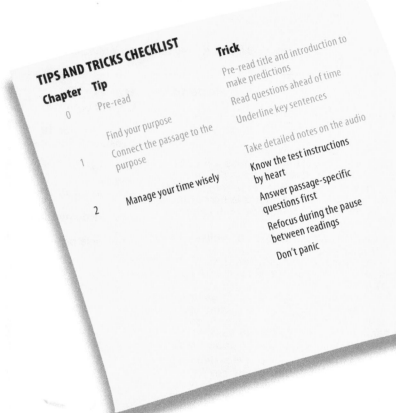

TIPS AND TRICKS CHECKLIST

Chapter	Tip	Trick
0	Pre-read	Pre-read title and introduction to make predictions
		Read questions ahead of time
		Underline key sentences
1	Find your purpose	Take detailed notes on the audio
	Connect the passage to the purpose	
2	Manage your time wisely	Know the test instructions by heart
		Answer passage-specific questions first
		Refocus during the pause between readings
		Don't panic

TIP: MANAGE YOUR TIME WISELY

Trick: Know the test instructions by heart

If you are familiar with the task before taking the test, you can squeak out a few extra moments to focus on answering questions. Take, for example, the 1 minute to read the instructions: You already know what they say! Instead use this valuable 60 seconds to pre-read the title, introduction and questions for source 1.

Trick: Answer passage-specific questions first

You have a few minutes to preview the questions and read the passage before the audio selection is played. DON'T start with the passage; start with the questions! Speed-read them and identify those that can be answered with the passage only. These typically have the word "article" or "passage" in the question. Write #1 next to those questions so you know the answers are in Source 1. If you have time, answer those before listening to the audio.

Trick: Refocus during the pause between readings.

During the reading, you'll be frantically taking notes and visualizing. It is important to use the 60 seconds between readings to your best advantage. Refocus on the questions during this minute and re-read the unanswered questions. Try to answer as many as you can, and focus your listening skills to answer the remaining questions during the second reading.

Trick: Don't panic

It is easy to forget that when the audio ends, there is still time left to answer questions. You have an additional 15 seconds per question. When the audio ends, be ready to tackle any unanswered questions.

C'est à vous

Complete the task while strategically answering questions based on the tips and tricks provided in this lesson.

You will read a passage and listen to an audio selection. For the reading selection, you will have a designated amount of time to read it. For the audio selection, first you will have a designated amount of time to read a preview of the selection as well as to skim the questions that you will be asked. The selection will be played twice. After listening to the selection the first time, you will have 1 minute to begin answering the questions; after listening to the selection the second time, you will have 15 seconds per question to finish answering the questions. For each question, choose the response that is best according to the audio and/or reading selection and mark your answer on your answer sheet.

Vous allez lire un passage et écouter une sélection audio. Pour la lecture, vous aurez un temps déterminé pour la lire. Pour la sélection audio, vous aurez d'abord un temps déterminé pour lire une introduction et pour parcourir les questions qui vous seront posées. La sélection sera présentée deux fois. Après avoir écouté la sélection une première fois, vous aurez 1 minute pour commencer à répondre aux questions; après avoir écouté la sélection une deuxième fois, vous aurez 15 secondes par question pour finir de répondre aux questions. Pour chaque question, choisissez la meilleure réponse selon la sélection audio ou la lecture et indiquez votre réponse sur votre feuille de réponse.

Source 1:

Introduction: Dans cette sélection il s'agit de l'importance de voyager à l'étranger. L'article original a été publié à voyageplus.net.

Sortir de l'ordinaire

Vous est-il déjà arrivé de regretter de ne pouvoir vivre une autre vie que la vôtre? Avez-vous parfois l'impression que, d'une part, le temps file trop vite et que, d'autre part, vos journées sont d'une monotonie désespérante? Si ça vous arrive, c'est qu'il est temps de «mettre un peu de voyage» dans votre vie.

Ligne

5 Même quand on aime bien la vie qu'on mène, il arrive toujours un moment où son ordinaire devient vraiment trop... ordinaire. Alors qu'il y a tant d'endroits magnifiques à découvrir, tant de routes passionnantes à parcourir, tant de manières de vivre fascinantes à explorer et de gens merveilleux à rencontrer, pourquoi se satisfaire de rester tranquillement chez soi?

Pourquoi se priver du plaisir de se réveiller un beau matin dans une chambre d'hôtel inconnue et de se dire : «Aujourd'hui, je vais visiter New York», ou «Je vais descendre Li jiang en bateau», ou «Je vais grimper sur le Machu Picchu»? Pourquoi ne pas s'offrir de l'extraordinaire et de l'inédit? Quand le poids des journées répétitives nous colle les pieds au plancher, un voyage nous donne des ailes.

10 Nous méritons tous mieux que la vie que nous avons. Et comme nous pouvons difficilement vivre une autre vie que la nôtre, nous avons tous le droit de tricher un peu avec nos limites. Partir ailleurs pour quelque temps fait franchir des frontières bien plus importantes que les frontières géographiques.

Reproduced with permission from http://www.voyageplus.net/pourquoi.html

Source 2: Sélection Audio

Introduction: Dans cette sélection il s'agit de l'expédition unique d'Antoine de Maximy. Le reportage original intitulé Souvenirs de voyages: Antoine de Maximy a été publié le 1 décembre 2011 en France par Le Nouvel Observateur. La sélection dure à peu près deux minutes.

1. Selon le passage, pourquoi devrait-on voyager?
    a. la vie domestique n'est pas tranquille
    b. pour ne pas regretter la vie
    c. pour voir les frontières géographiques
    d. pour éviter des problèmes chez vous

2. La vidéo indique
    a. que le métro parisien est dangereux
    b. qu'il faut voyager pour le film
    c. qu'il faut voyager pour faire une expédition
    d. que les expéditions ou les voyages peuvent se passer chez vous

3. Dans le passage, qu'est-ce que la phrase «Je vais grimper sur le Machu Picchu» veut dire?
    a. se blesser
    b. monter
    c. descendre
    d. faire une grimace

4. Selon la vidéo, pourquoi Maxime choisit-il de faire un voyage en métro?
    a. C'est un de ses lieux favoris à Paris.
    b. Il y a des pistes extraordinaires.
    c. C'est tout près de son appartement.
    d. Il voulait faire une parodie de l'expédition

5. Quelle réplique de Maxime serait la plus appropriée à la fin de la vidéo?
    a. «As-tu fait d'autres films?»
    b. «Quels sont les autres films que vous avez faits en voyageant?»
    c. «Assez parlé, voyageons!»
    d. «Je voudrais voir ton film!»

TIPS AND TRICKS CHECKLIST

Chapter	Tip	Trick
0	Identify the register	Choose *tu* or *vous*
	Begin and end well	Practice your introductions
		Practice your closing
1	Use your time wisely	Block your time
	Address the question posed	Underline the question/request
2	Elaborate, elaborate, elaborate	Provide lots of details
		Highlight your knowledge

TIP: ADDRESS ALL QUESTION(S) POSED

Trick: Underline the question/request

There will always be question(s) and/or request(s) for additional information provided in the initial version. As you are reading, underline these questions. If you do not address all of the questions/requests, your response will be considered incomplete. This automatically drops your score to a 2 for this task!

TIP: ELABORATE, ELABORATE, ELABORATE

Trick: Choose the answer that highlights your knowledge

Personal details can be embellished, however cities, landmarks and past events must be accurate. For example: *"Dites-nous dans quel pays d'Europe vous préféreriez vivre et pourquoi?"* You would respond with **I would like to live in Switzerland because the climate suits me well. I enjoy the outdoors, especially skiing. I also have a family connection; my mother and father visited Bern during their honeymoon in 1991. Throughout my childhood they told me stories about the mountains and the people. This is the perfect opportunity to go see it for myself.**

Trick: Be sure to provide a creative answer to your underlined prompt question with lots of details

Try to include:

- city names
- geographical references
- historical references
- people's names
- dates
- times

ECRIRE

Répondez en détail aux questions suivantes

1. Quel serait pour vous le type de famille d'accueil idéale pour votre séjour?

2. Décrivez vos points forts et vos points faibles.

3. Quel est le souvenir le plus important de votre jeunesse?

C'est à vous

OPTION 1: Complete the task while strategically formulating your response based on the tips and tricks provided in this lesson.

OPTION 2: Write a simplified version with these elements: Introduction, a more general response to question, closing.

You will write a reply to an e-mail message. You have 15 minutes to read the message and write your reply. Your reply should include a greeting and a closing and should respond to all the questions and requests in the message. In your reply, you should also ask for more details about something mentioned in the message. Also, you should use a formal form of address.	Vous allez écrire une réponse à un message électronique. Vous aurez 15 minutes pour lire le message et écrire votre réponse. Votre réponse devrait débuter par une salutation et terminer par une formule de politesse. Vous devriez répondre à toutes les questions et demandes du message. Dans votre réponse, vous devriez demander des détails à propos de quelque chose mentionnée dans le texte. Vous devriez également utiliser un registre de langue soutenue.

Introduction: C'est un message électronique de Pauline Pierre, Responsable des relations à la clientèle. Vous recevez ce message parce que vous avez contacté la compagnie aérienne pour demander des informations concernant votre valise perdue.

Bruxelles, 13 septembre 2012

Monsieur ou Madame,

J'ai bien reçu votre courrier dans lequel vous nous faites part de votre manque de satisfaction quant au traitement donné à votre valise. Votre demande d'intervention, reçue le 3 septembre, a retenu toute mon attention et je la soumets immédiatement pour examen auprès des services concernés.

J'aurais besoin des détails suivants:

- une description détaillée de l'extérieur de la valise.

- une liste complète du contenu de la valise

- les villes, les dates et les heures du voyage au cours duquel la valise a disparu.

Dès que je serai en possession de toutes les informations nécessaires, je ne manquerai pas de prendre position quant au contenu de votre réclamation et vous ferai parvenir ma décision.

Pauline Pierre
Responsable des relations à la clientèle

Presentational Writing: Persuasive Essay

TIPS AND TRICKS CHECKLIST

Chapter | **Tip** | **Trick**

0 — Make a personal connection to the topic — Give a personal example in the first paragraph / Use *on* in formal writing

1 — Use your time wisely / Understand the sources — Block your time / Underline citable sections in the reading / Take notes while listening

2 — Form a structured response — Organize your response / Use transitions

TIP: FORM A STRUCTURED RESPONSE

Trick: Extract the various points of view

As you know, this task is daunting. The best way to tackle it is with a graphic organizer. This will keep you focused and productive while writing. Now that you understand the sources, it is time to put them together with your own views.

Most students begin writing the introduction first, but it is actually easier to save the intro and conclusion paragraphs for later. Instead, organize the citable items you underlined or noted in the For and Against boxes. Don't write down complete sentences, just key words and phrases. You should have at least three citations in each box. You've just put together two of your three body paragraphs!

Next, write your opinion in the Personal View box. Be sure to state your opinion and give at least three examples or supporting details.

FOR	AGAINST	PERSONAL VIEW

Trick: Use transitions

It is not uncommon for students to end the pre-writing phase with the two graphic organizers you just created. However, having words and sentences to connect your writing will help the flow of your response. This is a major element in the grading rubric, so be sure to include them! The following tables do not need to be memorized. Instead, you should pick only a handful of words and consistently use them in everyday language.

Trick: Outline your introduction and conclusion

Now that your body paragraphs are outlined, you can think about your introduction and conclusion paragraphs. Both should reflect the same information: introduce the concept, present all views, justify your opinion. Don't forget that the introduction should contain a personal connection to the topic!

	INTRODUCTION	CONCLUSION
Introduce the concept (personal connection):		
Present all views:		
Justify your opinion:		

Introduce/Conclude		Compare/Contrast		Misc	
malgré tout	despite everything	par contre	on the other hand	ensuite	then
par conséquent	consequently	cependant	however	d'abord	first
en conclusion	in conclusion	bien que	although	enfin	finally
malgré	in spite of	tandis que	whereas	donc	so, therefore
par ailleurs	in addition, moreover	en plus	furthermore	sans compter que...	not to mention
plutôt que	rather than			à cause de	because of (negative)
pour que	so that			grâce à	thanks to (positive)
pendant que	while				
pourvue que	provided that				
puisque	since				
C'est pour cette raison que	It is for this reason that				
C'est certainement parce que	It is certainly because				
Il s'agit d'un problème	It is about a problem				

 ECRIRE

Ajoutez un connecteur pour joindre les phrases suivantes.

1. Pendant l'hiver il fait froid. En été il fait chaud.

2. Je suis allé au Mexique. Bob m'a donné un billet d'avion gratuit.

3. Le train est utile. L'avion est pratique.

4. La voiture coûte cher. Elle vous permet de partir quand vous voulez.

5. Il faut bien faire la valise. Vous n'aurez pas de problèmes avec vos bagages lorsque vous voyagez.

 ECRIRE

C'est à vous

OPTION 1: Complete the task while strategically formulating your response based on the tips and tricks provided in this lesson.

OPTION 2: Finalize your graphic organizer.

INTRO: introduce the concept/personal connection: present all views: justify your opinion:
TRANSITION:
FOR:
TRANSITION:
AGAINST:
TRANSITION:
PERSONAL VIEW:
TRANSITION:
CONCLUSION: introduce the concept: present all views: justify your opinion:

C'est à vous   OPTION 1: Complete the task while strategically formulating your response based on the tips and tricks provided in this lesson.

OPTION 2: Write a simplified version with these elements: Introduction, a more general response to question, closing.

You will write a persuasive essay to submit to a French writing contest. The essay topic is based on three accompanying sources, which present different viewpoints on the topic and include both print and audio material. First, you will have 6 minutes to read the essay topic and the printed material. Afterward, you will hear the audio material twice; you should take notes while you listen. Then, you will have 40 minutes to prepare and write your essay. In your persuasive essay, you should present the sources' different viewpoints on the topic and also clearly indicate your own viewpoint and defend it thoroughly. Use information from all of the sources to support your essay. As you refer to the sources, identify them appropriately. Also, organize your essay into clear paragraphs.

Vous allez écrire un essai persuasif pour un concours d'écriture de langue française. Le sujet de l'essai est basé sur trois sources ci-jointes, qui présentent des points de vue différents sur le sujet et qui comprennent à la fois du matériel audio et imprimé. Vous aurez d'abord 6 minutes pour lire le sujet de l'essai et le matériel imprimé. Ensuite, vous écouterez l'audio deux fois; vous devriez prendre des notes pendant que vous écoutez. Enfin, vous aurez 40 minutes pour préparer et écrire votre essai. Dans votre essai, vous devriez présenter les points de vue différents des sources sur le sujet et aussi indiquer clairement votre propre point de vue que vous défendrez à fond. Utilisez les renseignements fournis par toutes les sources pour soutenir votre essai. Quand vous ferez référence aux sources, identifiez-les de façon appropriée. Organisez aussi votre essai en paragraphes bien distincts.

Sujet de la composition:

Les obèses devraient-ils payer plus pour un siège d'avion?

Source 1:

Introduction: Dans cette sélection il s'agit d'une discrimination à l'encontre des personnes obèses.

Va-t-on nous demander notre poids pour voyager sur Air France?

N'est-ce pas une double peine que de faire payer plus cher les personnes obèses, dixit Viviane Gacquère, Présidente de l'association Allegro Fortissimo.

Air France nie.

Que pensez-vous de la décision de la compagnie Air France de faire payer 75% du prix pour le second siège occupé par les personnes obèses ?

Pas d'accord ! La collaboration d'Allegro Fortissimo (depuis 4 ans) avec Air France a amélioré grandement l'accueil des personnes corpulentes mais de façon limitée quand même. C'est, en tout cas, pénaliser doublement ces personnes car le paiement du second billet (taxes d'aéroport déduites) est discriminatoire et cela, nous ne pouvons l'accepter !!!

Qui est obèse, qui ne l'est pas?

Très difficile à dire. Cela dépend. Certaines personnes peuvent s'asseoir dans les sièges et d'autres pas ...

Doit-on imposer des tests avant la réservation, genre : tour de taille, poids, ou tout simplement s'asseoir dans un «siège test»?

Ridicule!

Devra-t-on prendre des photos, ou présenter des témoins afin de prouver que l'avion n'était pas complet, lors d'une demande de remboursement? Cela dépasse le bon entendement !

Quel est le pourcentage des personnes obèses voyageant avec Air France ?

Il n'y a pas de chiffre précis. Mais n'exagérons pas : les personnes fortes ne sont pas majoritaires !

Souvent, les avions ne sont remplis qu'à concurrence de 90% en moyenne. Alors, quand un passager obèse occupe un second siège (vide), il ne pénalise pas du tout financièrement la compagnie. Et dans le cas où un avion est complet, il suffirait de proposer au passager en question de prendre le vol suivant.

(continued next page)

Les numéros de ligne indiqués dans la marge : Ligne / 5 / 10 / 15

Ligne	**Contradictions.**
20	Air France et l'agence Go Voyage ont été condamnés à payer des dommages et intérêts à une personne de forte corpulence. Malgré cela, Air France dément l'obligation de faire payer un second siège aux personnes obèses, alors que la veille, un porte-parole de la compagnie disait le contraire! Contradictions ?

Alors que faire?

25 Ne pourrait-on pas identifier les personnes obèses comme passagers à caractère particulier au même titre que les handicapés et autres mères de famille ? Elles pourraient alors voyager dans de bonnes conditions ! Et pourquoi ne pas s'imaginer réserver uniquement si l'avion est complet ou pas? Plusieurs solutions pourraient être étudiées.

A l'image d'Allegro Fortissimo, il faut lutter contre la discrimination faite aux personnes obèses dans la société.

© Ginette Villa

Source 2: Sélection Audio 🎧
Introduction

Dans cette sélection audio il s'agit du montant que les compagnies aériennes font payer aux voyageurs obèses pour un siège d'avion.

Source 3: 🔍
Introduction

Dans cette sélection il s'agit du nombre de voyages que font les français chaque année. Le graphique original a été publié en 2011 par EuroStat.

Les transports aériens en France

eurostat 2011

m = le nombre de voyages effectués (en milliard)

TIPS AND TRICKS CHECKLIST

Chapter	Tip	Trick
0	Identify the register	Choose *tu* or *vous*
	Begin and end well	Practice your introductions
		Practice your closing
1	Read the outline well	Underline the type of response
		Determine if your response will be affirmative or negative
		Brainstorm details on the outline
2	Speak for 20 seconds	STOP speaking when you hear the tone

TIP: SPEAK FOR 20 SECONDS

Trick: Brainstorm details on the outline

As you're reading the outline, jot down words (not sentences) that might help you during the recorded speaking. If you include verbs, go ahead and conjugate them so you do not use an infinitive by mistake during your conversation. Elaborate and imagine creative, specific details that highlight your linguistic strengths. Some sections of the outline will be easier than others. For example: «*Parlez des types de musique que vous préférez.*» You would jot down a list like this:

- hip hop – Beyoncé, Usher, Michael Jackson
- le rythme, aime danser
- la mode – vêtements cool

However, «*Donnez et soutenez votre opinion sur l'activité proposée.*» is a bit more difficult because you don't know what the proposed activity is. Don't worry if you don't have notes for every response!

Trick: STOP speaking when you hear the tone

Even if you are not finished with your sentence, you should stop speaking as soon as you hear the tone. You will miss part of the conversation if you're still chatting away when the speaker begins their part of the conversation.

ECRIRE

Faites une liste de mots utiles pour chaque question.

1. Parlez de votre livre préféré.
2. Parlez de votre emploi du temps.
3. Quel est le souvenir le plus important de votre jeunesse?

C'est à vous

OPTION 1: Complete the task while strategically formulating your response based on the tips and tricks provided in this lesson.

OPTION 2: Practice the introduction and closing, jot down helpful notes in the outline. Then, practice responding to each question for 20 seconds with various partners.

<table>
<tr>
<td>You will participate in a conversation. First, you will have 1 minute to read a preview of the conversation, including an outline of each turn in the conversation. Afterward, the conversation will begin, following the outline. Each time it is your turn to speak, you will have 20 seconds to record your response. You should participate in the conversation as fully and appropriately as possible.</td>
<td>Vous allez participer à une conversation. D'abord, vous aurez une minute pour lire une introduction à cette conversation qui comprend le schéma des échanges. Ensuite, la conversation commencera, suivant le schéma. Quand ce sera à vous de parler, vous aurez 20 secondes pour enregistrer votre réponse. Vous devriez participer à la conversation de façon aussi complète et appropriée que possible.</td>
</tr>
</table>

Introduction

Vous êtes en train de téléphoner à un ami qui vous attend à la gare à Casablanca. Vous participez à cette conversation parce que vous avez raté votre train et vous êtes en retard.

Ami	• Il vous salue.
Vous	• Identifiez-vous; expliquez votre situation.
Ami	• Il demande des détails.
Vous	• Donnez les détails de votre arrivée.
Ami	• Il explique qu'il y a un problème.
Vous	• Proposez un mode de transport différent.
Ami	• Il est d'accord et il propose un rendez-vous plus tard.
Vous	• Acceptez sa proposition.
Ami	• Il termine la conversation.
Vous	• Dites au revoir et assurez-lui que vous le verrez bientôt.

Presentational Speaking: Cultural Comparison

TIPS AND TRICKS CHECKLIST

Chapter	Tip	Trick
0	Find the appropriate register	Stay formal
1	Start well	Address your audience and announce the topic
		Know the directions
	Manage your time	Provide a summary statement
	Close well	Stay structured
2	Outline a developed response	Use transitional phrases

TIP: OUTLINE A DEVELOPED RESPONSE

Trick: Stay structured

The two minutes will fly by, so it is important to have a plan. Always write out this outline with words and phrases, but no full sentences. If you are including verbs, conjugate them ahead of time so you eliminate the risk of erroneously using an infinitive in your speech.

OPENING:

State the viewpoints of both cultures
Viewpoint 1 (your culture)
2-3 Examples

TRANSITION

Viewpoint 2 (francophone culture)
2-3 Examples

CLOSING

Trick: Use transitional phrases

Comparative vocabulary is essential. Be sure to include connectors and transitions between sentences. The French discuss politics with family and friends. *In America, politics can be uncomfortable to discuss in a social setting.* While these two sentences are great, they would be better if joined by a transitional word like **whereas.** See a list of these transitions in the Presentation Writing: Persuasive Essay section of the chapter.

ECRIRE

Pouvez-vous dessiner le plan de la réponse suivante?

Aux États-Unis, on achète la nourriture beaucoup moins fréquemment qu'en France. Chez moi ma mère va à l'épicerie une fois par semaine le dimanche. Elle achète assez de nourriture pour toute la semaine. Nous mangeons des légumes surgelés en général. Par contre, en France, on fait des courses beaucoup plus souvent. Les français achètent de la nourriture bio comme le pain, les fruits et les légumes. Le père de mon ami Julien, va à la boulangerie chaque matin!! Ça m'intéresse beaucoup parce que c'est plus logique à mon avis. Chez moi, il y a toujours quelques tranches de pain que personne ne mangera. À la fin de la semaine, ma mère les jette à la poubelle. En conclusion, la nourriture est importante partout, mais en France c'est une activité quotidienne.

PARLER

C'est à vous

OPTION 1: Complete the task while strategically formulating your response based on the tips and tricks provided in this lesson.

OPTION 2: Create an outline with transitional phrases to respond to the prompt.

<table>
<tr>
<td>

You will make an oral presentation on a specific topic to your class. You will have 4 minutes to read the presentation topic and prepare your presentation. Then you will have 2 minutes to record your presentation. In your presentation, compare your own community to an area of the French speaking world with which you are familiar. You should demonstrate your understanding of cultural features of the French-speaking world. You should also organize your presentation clearly.

</td>
<td>

Vous allez faire un exposé pour votre classe sur un sujet spécifique. Vous aurez 4 minutes pour lire le sujet de présentation et préparer votre exposé. Vous aurez alors 2 minutes pour l'enregistrer. Dans votre exposé, comparez votre propre communauté à une région du monde francophone que vous connaissez. Vous devriez montrer votre compréhension des facettes culturelles du monde francophone. Vous devriez aussi organiser clairement votre exposé.

</td>
</tr>
</table>

Sujet de présentation:

Décrivez les modes de transport utilisés dans votre pays. Comparez-les à ceux du monde francophone.

Mon boulot, ma vie

Le *travail* c'est la santé

Chat - Arnaud et Haylie   — ○ ✕

Haylie: 6h 37	Tu es là?
	Oui. Quoi de neuf? **Arnaud:** 6h 38
Haylie: 6h 38	Je suis hyper contente. Mes parents sont d'accord pour que je vienne visiter la France et te rendre visite cet été.
	:) Super. C'est génial ça. **Arnaud:** 6h 39
Haylie: 6h 39	:)
	Il faut juste qu'on s'arrange pour les dates, parce que j'ai mon boulot d'étudiant cet été. **Arnaud:** 6h 40
Haylie: 6h 41	Ton boulot d'étudiant ?
	Ouais, j'en ai vraiment ras-le-bol de travailler pour mon père. Tu sais un déménagement c'est dur physiquement et en plus il ne me paie pas beaucoup. **Arnaud:** 6h 41
Haylie: 6h 42	Qu'est-ce que tu vas faire alors ?
	Là, j'attends des nouvelles de l'agence d'emploi. C'est une agence pour les petits boulots et les jobs d'étudiants, surtout pour les grandes vacances. **Arnaud:** 6h 43
Haylie: 6h 44	Je croyais que tu m'avais dit que pendant les vacances tu partais en Angleterre pour améliorer ton anglais.
	Oui, ça tient toujours. Je vais faire un stage de langues pendant une semaine à Ramsgate, dans une famille d'accueil. Ça va être très chouette. je m'en réjouis vraiment. **Arnaud:** 6h 45
	Mais le reste des vacances, il faut vraiment que je me trouve un boulot. Tu sais, ici, ce n'est pas comme chez vous. Nous on n'a pas de boulot fixe pendant l'année, on fait juste des petits boulots à droite et à gauche, comme quand j'aide mon père, ou ma copine Isa et son babysitting. Alors l'été, c'est ma seule chance de vraiment boulotter pour économiser du fric, pour le reste de l'année. **Arnaud:** 6h 47
Haylie: 6h 48	Je pensais que vous ne travailliez pas. Je pensais que tes parents te donnaient de l'argent de poche.
	Oui, ils m'en donnent, mais ce n'est que la deuxième année où je suis assez âgée pour trouver un job d'été. C'est ma chance de gagner beaucoup de tune qui va me durer toute l'année et m'éviter de devoir en demander tout le temps à mes parents. **Arnaud:** 6h 50
Haylie: 6h 50	Pourquoi seulement en été ?
	Tu vois, c'est parce que tout le monde prend ses 2 à 4 semaines de congé à ce moment là. Alors les boîtes embauchent des jeunes pendant ces quelques semaines. C'est marrant, les « vieux » prennent leurs vacances et ça crée plein de petits jobs à court terme pour les jeunes, qui ne sont pas disponibles pendant l'année normale. **Arnaud:** 6h 52
Haylie: 6h 53	Ah, d'accord je comprends. Alors ce ne sera pas possible de te voir quand je serai en France? Tu seras occupé.
	Mais non. Ne te tracasse pas. Bien sûr qu'on va se voir. Il faut juste que je m'arrange. Envoie-moi les dates exactes dès que tu les auras et je m'arrangerai pour te voir. **Arnaud:** 6h 55
Haylie: 6h 55	Super.
	Bon il faut que j'y aille. A+ ? **Arnaud:** 6h 56
Haylie: 6h 56	:) A+

  B A U   **envoyer**

---

1. **PARLER**

Avant de lire. Haylie et Arnaud discutent via chat de certains projets d'été. Pouvez-vous deviner les sujets qu'ils vont aborder? Faites une liste de vos idées de projets d'été.

2.  **LIRE**

Lisez le passage et vérifiez vos prédictions.

3. **PARLER** **ECRIRE**

Observez les mots et les expressions ci-dessous et en utilisant le contexte du passage que vous venez de lire, donnez un synonyme et une définition.

Modèle:

VOCABULAIRE	SYNONYME	EXPLICATION
se raser	enlever sa barbe	couper les "poils" de son visage
un boulot	un travail	ce qu'on fait pour gagner sa vie
bouloter		
en avoir ras-le bol		
un stage		
de la tune		
une boite		
embaucher		
se tracasser		
à court terme		
l'argent de poche		
prendre ses congés		

4.  **PARLER** **ECRIRE**

Relisez la conversation entre Haylie et Arnaud et répondez par VRAI ou FAUX aux questions qui s'y rapportent. Expliquez votre choix et corrigez la phrase si elle n'est pas correcte. Utilisez vos propres mots ou ceux du texte pour justifier votre réponse.

Modèle: Haylie va voir Arnaud pendant les vacances de Pâques.

La réponse est fausse. Dans la conversation Haylie dit «MES parents sont d'accord pour que je vienne visiter la France et TE rendre visite CET ETE.»

Ou

Haylie dit que «SES parents sont d'accord pour qu'ELLE vienne visiter la France et LUI rendre visite CET ETE.»

1. Arnaud travaille chaque samedi avec son père.
2. Pendant l'été Arnaud va aller en Angleterre pour perfectionner son anglais.
3. Arnaud n'a besoin de l'aide de personne pour trouver un travail.
4. Arnaud cherche un travail fixe.
5. La copine d'Arnaud fait du babysitting.
6. Arnaud ne reçoit pas d'argent de la part de ses parents.
7. En général, les adultes français prennent de 10 à 15 jours de vacances par an.
8. En général, les entreprises françaises ferment leurs portes pendant les grandes vacances.

5. LIRE

En attendant d'avoir des nouvelles de l'agence d'emploi où il a soumis son CV, Arnaud ne reste pas inactif. Il décide de surfer Internet à la recherche de petites annonces qui pourront peut-être l'aider à trouver un job d'étudiant cet été. Regardez les annonces qu'il a sélectionnées.

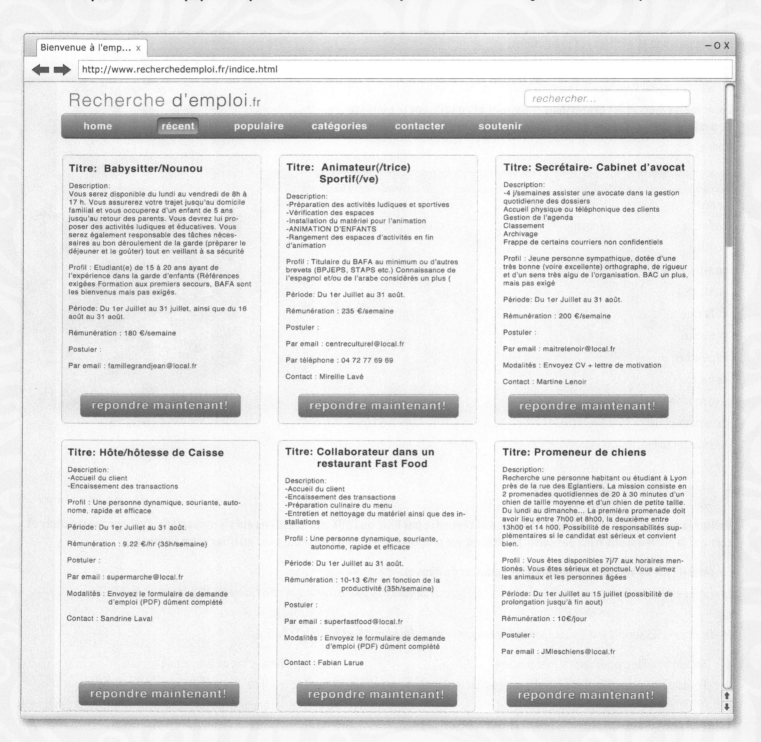

Titre: Babysitter/Nounou

Description:
Vous serez disponible du lundi au vendredi de 8h à 17 h. Vous assurerez votre trajet jusqu'au domicile familial et vous occuperez d'un enfant de 5 ans jusqu'au retour des parents. Vous devrez lui proposer des activités ludiques et éducatives. Vous serez également responsable des tâches nécessaires au bon déroulement de la garde (préparer le déjeuner et le goûter) tout en veillant à sa sécurité

Profil : Etudiant(e) de 15 à 20 ans ayant de l'expérience dans la garde d'enfants (Références exigées Formation aux premiers secours, BAFA sont les bienvenus mais pas exigés.

Période: Du 1er Juillet au 31 juillet, ainsi que du 16 août au 31 août.

Rémunération : 180 €/semaine

Postuler :

Par email : famillegrandjean@local.fr

répondre maintenant!

Titre: Animateur(/trice) Sportif(/ve)

Description:
-Préparation des activités ludiques et sportives
-Vérification des espaces
-Installation du matériel pour l'animation
-ANIMATION D'ENFANTS
-Rangement des espaces d'activités en fin d'animation

Profil : Titulaire du BAFA au minimum ou d'autres brevets (BPJEPS, STAPS etc.) Connaissance de l'espagnol et/ou de l'arabe considérés un plus (

Période: Du 1er Juillet au 31 août.

Rémunération : 235 €/semaine

Postuler :

Par email : centreculturel@local.fr

Par téléphone : 04 72 77 69 69

Contact : Mireille Lavé

répondre maintenant!

Titre: Secrétaire- Cabinet d'avocat

Description:
-4 j/semaines assister une avocate dans la gestion quotidienne des dossiers
Accueil physique ou téléphonique des clients
Gestion de l'agenda
Classement
Archivage
Frappe de certains courriers non confidentiels

Profil : Jeune personne sympathique, dotée d'une très bonne (voire excellente) orthographe, de rigueur et d'un sens très aigu de l'organisation. BAC un plus, mais pas exigé

Période: Du 1er Juillet au 31 août.

Rémunération : 200 €/semaine

Postuler :

Par email : maitrelenoir@local.fr

Modalités : Envoyez CV + lettre de motivation

Contact : Martine Lenoir

répondre maintenant!

Titre: Hôte/hôtesse de Caisse

Description:
-Accueil du client
-Encaissement des transactions

Profil : Une personne dynamique, souriante, autonome, rapide et efficace

Période: Du 1er Juillet au 31 août.

Rémunération : 9.22 €/hr (35h/semaine)

Postuler :

Par email : supermarche@local.fr

Modalités : Envoyez le formulaire de demande d'emploi (PDF) dûment complété

Contact : Sandrine Laval

répondre maintenant!

Titre: Collaborateur dans un restaurant Fast Food

Description:
-Accueil du client
-Encaissement des transactions
-Préparation culinaire du menu
-Entretien et nettoyage du matériel ainsi que des installations

Profil : Une personne dynamique, souriante, autonome, rapide et efficace

Période: Du 1er Juillet au 31 août.

Rémunération : 10-13 €/hr en fonction de la productivité (35h/semaine)

Postuler :

Par email : superfastfood@local.fr

Modalités : Envoyez le formulaire de demande d'emploi (PDF) dûment complété

Contact : Fabian Larue

répondre maintenant!

Titre: Promeneur de chiens

Description:
Recherche une personne habitant ou étudiant à Lyon près de la rue des Eglantiers. La mission consiste en 2 promenades quotidiennes de 20 à 30 minutes d'un chien de taille moyenne et d'un chien de petite taille. Du lundi au dimanche... La première promenade doit avoir lieu entre 7h00 et 8h00, la deuxième entre 13h00 et 14 h00. Possibilité de responsabilités supplémentaires si le candidat est sérieux et convient bien.

Profil : Vous êtes disponibles 7j/7 aux horaires mentionés. Vous êtes sérieux et ponctuel. Vous aimez les animaux et les personnes âgées

Période: Du 1er Juillet au 15 juillet (possibilité de prolongation jusqu'à fin aout)

Rémunération : 10€/jour

Postuler :

Par email : JMleschiens@local.fr

répondre maintenant!

6. LIRE   ECRIRE

Regardez bien ces offres d'emploi... Faites correspondre les mots de vocabulaire ci-dessous avec leurs synonymes utilisés dans ces annonces.

Modèle: élève (nf)	étudiante (nf)	Annonce A
1. stipulation (nf)		
2. indemnité (nf)		
3. questionnaire (nm)		
4. gérance (nf)		
5. compétent (adj)		
6. pétulant (adj)		
7. pourvoir (v)		
8. certificat (nm)		
9. précision (nf)		
10. recommandation (nf)		
11. hospitalité (nf)		
12. propriétaire (nm)		
13. journalier (adj)		
14. collecte (nf)		
15. allongement (nm)		

7.  PARLER   ECRIRE

Prenez le temps de lire ces annonces une fois de plus, et répondez aux questions suivantes. Justifiez votre réponse en donnant au moins 2 raisons différentes.

1. Sachant ce que vous savez sur Arnaud, quel boulot trouvez-vous qu'il devrait postuler?

2. Si vous cherchiez un emploi d'étudiant, lequel choisiriez-vous et pourquoi?

3. Êtes-vous qualifié(e) pour chacune de ces annonces?

4. Est-ce que vous avez (ou avez déjà eu) un job d'étudiant? En quoi est-il (était-il) similaire ou différent par rapport aux annonces sélectionnées par Arnaud?

5. Que pensez-vous des salaires offerts? Sont-ils sous-payés, appropriés ou trop bas?

8. ECOUTER LIRE

Le BAFA (Brevet d'Aptitude aux Fonctions d'Animateur) est une spécialisation qui est souvent requise lorsqu'on postule un poste dans le domaine du travail avec des enfants. Écoutez la sélection audio pour en apprendre plus. A l'écoute, essayez de prendre notes des informations relatives aux questions suivantes.

- Qu'est ce que le BAFA? (Description détaillée)
- Pourquoi le BAFA a-t-il été créé? Quel en est le but?
- Quels sont les avantages de ce brevet?
- Quels sont les inconvénients de ce brevet?

9. PARLER

Partagez les informations recueillies dans l'activité précédente. Pour ce faire, vous pouvez créer un support visuel qui guidera votre présentation orale. Il peut s'agir d'un collage de photos/dessins ou bien d'un collage de mots clés qui vous aideront à formuler des phrases complètes.

Modèle:

Avec les mots clés vous pouvez guider votre présentation orale:

«La Belgique est un royaume de 10 millions d'habitants. La capitale, Bruxelles, est une ville bilingue. Les Flamands et les Wallons se la partagent».

Dessiné par Megan Weghorst

Avec les images vous pouvez préparer votre présentation orale.

«En 1789, la France commence une révolution qui mènera à la mort de son roi, Louis XVI, qui fut guillotiné».

10. SE CONNECTER

Répondez à quelques questions pour vous aider à déterminer quel type d'emploi vous conviendrait le mieux.

Adresse de l'expéditeur	Mlle Jeanne Dupont 36, rue Duvivier 69001 LYON 06.55.50.35 jdupont@monmail.fr
Destinataire	À l'attention de la Famille Grand Jean Lyon, le 14 mars
Objet de la lettre	Object : Candidature au poste de babysitter/nounou
Formule d'appel	Madame, Monsieur,
Référence d'annonce Présentation de candidature	Suite à votre annonce, je vous écris pour poser ma candidature pour la période *du 1er Juillet au 31 août.*
Qualifications	Titulaire du BAFA, j'ai travaillé comme animatrice dans une colonie de vacances l'été dernier. J'étais chargée de la création d'ateliers d'art et de musique pour les enfants âgés de 5 à 12 ans. J'adore les enfants et ai vraiment apprécié cette expérience. Je m'occupe souvent de mes petits cousins le weekend et normalement je prépare le déjeuner et un goûter pendant la journée. De plus, j'ai pris un cours de premiers soins l'été dernier et je viens de faire mettre à jour mes qualifications. Comme j'ai une tante qui habite aux Etats Unis, je parle anglais couramment, je maitrise bien l'espagnol, et j'ai aussi quelques notions de chinois.
Clôture de lettre	Je me tiens à votre disposition pour un rendez-vous éventuel ou pour tout renseignement complémentaire. Dans l'attente d'une réponse favorable, je vous prie d'agréer Madame, Monsieur, l'expression de mes salutations distinguées. Jeanne Dupont

1. **LIRE**

Il y a deux façons de postuler un emploi. La première est de rédiger une lettre de candidature. Lisez la lettre et faites attention aux éléments requis.

2.  **ECRIRE**

Choisissez deux annonces qui pourraient bien vous convenir. Vous allez soumettre votre candidature.

1. Soulignez les éléments requis.

2. Faites une liste avant de formuler votre réponse.

3. Assurez-vous de bien suivre les consignes données dans l'annonce.

3.  **SE CONNECTER**

Allons plus loin sur notre site. Une autre façon de postuler un emploi est de remplir le formulaire d'une agence d'emploi. Faites cela en ligne en utilisant le contenu de votre CV.

formulaire Stage salarié
horaire mi-temps démissionner
postuler

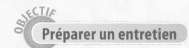

OBJECTIF — **Préparer un entretien**

	Zahara Einstein	Clémentine Bête
Pourquoi avez-vous répondu à notre annonce?	Depuis toute petite, j'aime les animaux, surtout les chiens. Après mes études universitaires, j'aimerais être vétérinaire. En fait, cet été je ferai un stage à la fourrière. Chez moi, nous avons deux petits chiens qui sont mes meilleurs amis. Je les promène chaque matin au parc. Je souhaite que votre chien puisse nous rejoindre.	Ben, je ne sais pas. J'avais besoin d'argent et ma mère m'a dit qu'il fallait que je trouve un boulot cet été.
Parlez-moi de vous	J'ai seize ans et j'étudie au lycée. Je me considère débrouillarde, responsable, aimable. Je fais partie de l'équipe de basket locale, et à l'école les sciences m'intéressent beaucoup.	Je suis très populaire. J'aime bien dormir tard le matin parce que je sors souvent avec mes amis le soir. J'aime la musique rock et j'ai un chien qui s'appelle Rockstar.
Quelles sont vos deux qualités principales et vos deux plus gros défauts?	Bien que je n'aie pas encore beaucoup d'expérience, cela ne m'empêche pas d'être quelqu'un de mature. En tout cas, j'ai apprécié d'avoir eu des responsabilités durant mes stages et d'avoir pu montrer mes compétences. Je pense être quelqu'un d'énergique et de dynamique. Lorsqu'il faut régler un problème ou mettre les bouchées doubles pour terminer un dossier, je réponds présente. On m'a souvent dit que j'avais «de bonnes qualités relationnelles». C'est, je crois, ce qui me caractérise le mieux.	Ça c'est une question difficile. Je pense que je suis très amusante et fort appréciée par les garçons. Comme défauts, je ne suis pas trop certaine comment répondre à cette question. Désolée. Peut-être devrais-je travailler un peu mieux à l'école. J'ai tendance à être un peu paresseuse quand je dois faire quelque chose qui m'ennuie.
Que ferez-vous pour m'aider?	Je promènerai vos chiens sans question et sans problème. Je m'occuperai de votre chien et ferai tout ce qui est nécessaire à son bien-être. Je lui donnerai à manger, et je lui laisserai de l'eau. Je rangerai toujours la laisse, et je serai à l'heure.	Cela dépendra de votre chien. S'il est sympathique et qu'il me plaît bien je lui ferai faire une bonne promenade, et lui donnerai des biscuits pour chiens. S'il a mauvais caractère, je le promènerai juste les 30 minutes demandées et il peut oublier les biscuits.
Quel poste aimeriez-vous occuper dans 5 ans?	Dans 5 ans, je serai probablement à l'université, mais comme je l'ai déjà mentionné, j'aspire à devenir vétérinaire. Il est donc fort probable que dans 5 ans, mon travail d'étudiante sera dans le domaine des soins animaliers.	Dans 5 ans, je serai mariée avec mon petit copain. Lui il travaillera, et avec un peu de chance, moi je serai femme au foyer, comme dans les séries réalité américaines.
Avez-vous des questions pour moi?	Comment s'appelle votre chien? Est-ce un mâle ou une femelle? Quel âge a-t-il? Quelle est sa race? Est-ce qu'il a un pedigree?	Je n'ai pas vraiment de questions; j'aurai juste un petit service à demander. La dernière semaine, serait-il possible que ma petite sœur me remplace et s'occupe du chien à ma place, car mon petit copain m'a invitée en vacances à la mer pour quelques jours.

1.  **PARLER**

Vous savez que passer un entretien est une expérience complexe. Il faut bien se préparer, et penser aux questions qui vont vous être posées. Pouvez-vous prédire au minimum 5 questions typiques formulées par les futurs employeurs lorsqu'ils rencontrent les candidats? Faites une liste et formulez votre réponse.

2.  **ECRIRE** **PARLER**

1. Qui est la meilleure candidate et pourquoi?
2. Quelle est la meilleure réponse de Zahara? Quelle est la réponse la moins bonne. Pourquoi?
3. Quelle est la meilleure réponse de Clémentine? Quelle est la réponse la moins bonne. Pourquoi?

Réflexion: Comparez les réponses pour identifier les éléments d'un bon entretien.

4. Faites une liste détaillée des fautes commises par la pire candidate.
5. Quel conseil donneriez-vous à chaque candidate? (modèle: Soyez plus spécifique)

Titre: Babysitter/Nounou

Description:
Vous serez disponible du lundi au vendredi de 8h a 17 h. Vous assurerez votre trajet jusqu'au domicile familial et vous occuperez d'un enfant de 5 ans jusqu'au retour des parents. Vous devrez lui proposer des activités ludiques et éducatives. Vous serez également responsable des tâches nécessaires au bon déroulement de la garde (préparer le déjeuner et le goûter) tout en veillant à sa sécurité

Profil : Etudiant(e) de 15 à 20 ans ayant de l'expérience dans la garde d'enfants (Références exigées Formation aux premiers secours), BAFA sont les bienvenus mais pas exigés.

Période: Du 1er juillet au 31 juillet, ainsi que du 16 août au 31 août.

Rémunération : 180 €/semaine

Postuler :

Par email : famillegrandjean@local.fr

répondre maintenant!

3. **LIRE** **ECRIRE**

Le futur simple pour parler des responsabilités.

Dans les annonces, on utilise souvent le futur simple pour parler des responsabilités.

Trouvez le radical des verbes suivants:

1. Vous _____**ez** disponible du lundi au vendredi de 8h a 17h.

2. Vous _____**ez** votre trajet jusqu'au domicile familial et vous _____**ez** d'un enfant de 5 ans jusqu'au retour des parents.

3. Vous _____**ez** lui proposer des activités ludiques et éducatives.

4. Vous _____**ez** également responsable des tâches nécessaires au bon déroulement de la garde (préparer le déjeuner et le goûter) tout en veillant à sa sécurité.

4. **ECRIRE**

Utilisez le futur simple pour parler des responsabilités. Mme Duboulot prépare une annonce pour le poste de secrétaire dans son entreprise. Elle utilisera le futur simple pour parler des responsabilités.

Modèle : Traiter le courrier.
Vous traiterez le courrier.

1. Gérer le planning des patrons.

2. Répondre au téléphone.

3. Préparer des documents.

4. Organiser des es réunions.

5. Faire des commandes.

5.  **ECRIRE** **PARLER**

En utilisant des adjectifs descriptifs et le futur, répondez bien aux questions de l'entretien.

6.  **SE CONNECTER**

Allons plus loin sur notre site.

POINT GRAMMAIRE

Pour former le futur simple d'un verbe régulier, prenez l'infinitif du verbe et ajoutez les terminaisons –ai, –as, –a, –ons, –ez, –ont.

Pour les verbes en –re, supprimez le «e» de l'infinitif

occuper	choisir	apprendre
j'occuper**ai**	je choisir**ai**	je apprendr**ai**
tu occuper**as**	tu choisir**as**	tu apprendr**as**
il/elle/on occuper**a**	il/elle/on choisir**a**	il/elle/on apprendr**a**
nous occuper**ons**	nous choisir**ons**	nous apprendr**ons**
vous occuper**ez**	vous choisir**ez**	vous apprendr**ez**
ils/elles occuper**ont**	ils/elles choisir**ont**	ils/elles apprendr**ont**

savoir:	saur-	vouloir:	voudr-
pouvoir:	pourr-	être:	ser-
faire:	fer-	avoir:	aur-
aller:	ir-	devoir:	devr-

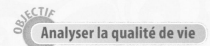

Les avantages sociaux

POINT CULTURE

Les congés payés

L'idée de payer les salariés pendant leurs vacances est originaire de France au début du 20ᵉ siècle. Dans les années 1930, après des mouvements de grève à travers tout le pays, le prolétariat et les syndicats ont remporté de grandes victoires sociales, parmi lesquelles on trouve «les congés payés.» De 2 semaines payées en 1936, les Français sont maintenant passés à 5 semaines de vacances payées par an. Bien sûr, ce n'est le cas que pour les travailleurs salariés. Les indépendants, ceux qui sont leur propre patron, ne bénéficient pas de cet avantage social; car pour eux, chaque arrêt de travail signifie une perte de revenus.

POINT CULTURE

Le SMIC

Le SMIC, c'est-à-dire le salaire minimum interprofessionnel de croissance est la somme d'argent minimale à payer aux salariés. Ce montant est réévalué une fois par an par le gouvernement. En 2012, le SMIC est de 9,22 € par heure. Attention – ce montant est un montant brut et il ne faut pas oublier de tenir compte des taxes. Comme pour chaque règle, il y a bien sûr des exceptions; par exemple, le SMIC n'est pas toujours utilisé pour les jeunes qui sont en stage ou sous contrat d'apprentissage. Il existe alors une autre forme de rémunération.

POINT CULTURE

Le chômage

En France, le taux de chômage est aux alentours de 9 pourcent de la population active. Pour avoir droit aux indemnités de chômage, on doit remplir les conditions suivantes: être âgé de moins de 62 ans, avoir perdu son emploi de façon involontaire, être physiquement capable d'exercer un emploi, être inscrit comme le demandeur d'emploi ou suivre une formation, rechercher un nouvel emploi de façon effective. Si toutes les conditions sont remplies, le chômeur recevra une indemnité. le montant de cette indemnité est calculé en fonction du dernier salaire perçu ainsi que de la durée du dernier emploi détenu.

1. PARLER

Qu'en pensez-vous?

Après avoir lu plusieurs fois les 3 points culture, organisez les informations importantes du tableau. Ensuite, comparez la situation en France avec celle qui existe aux Etats-Unis (Utilisez Internet pour faire des recherches si nécessaire). Préparez vos réponses et comparez-les à celles de vos camarades de classe.

1. Quelles sont les similitudes?

2. Quelles sont les grandes différences?

3. A votre avis, quel pays a le meilleur système et pourquoi?

EN FRANCE

Les congés payés	Le SMIC	Le chômage

AUX ÉTATS-UNIS

Les congés payés	Le SMIC	Le chômage

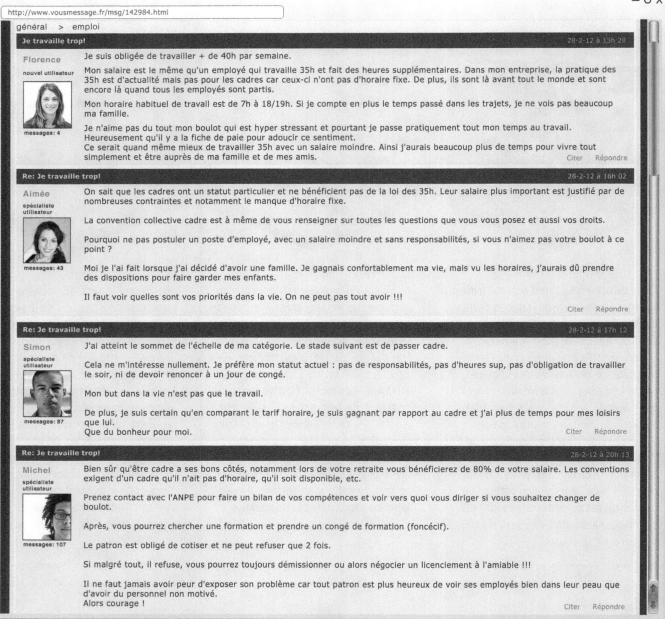

http://www.vousmessage.fr/msg/142984.html

général > emploi

Je travaille trop! — 28-2-12 à 13h 28

Florence
nouvel utilisateur

messages: 4

Je suis obligée de travailler + de 40h par semaine.

Mon salaire est le même qu'un employé qui travaille 35h et fait des heures supplémentaires. Dans mon entreprise, la pratique des 35h est d'actualité mais pas pour les cadres car ceux-ci n'ont pas d'horaire fixe. De plus, ils sont là avant tout le monde et sont encore là quand tous les employés sont partis.

Mon horaire habituel de travail est de 7h à 18/19h. Si je compte en plus le temps passé dans les trajets, je ne vois pas beaucoup ma famille.

Je n'aime pas du tout mon boulot qui est hyper stressant et pourtant je passe pratiquement tout mon temps au travail. Heureusement qu'il y a la fiche de paie pour adoucir ce sentiment.
Ce serait quand même mieux de travailler 35h avec un salaire moindre. Ainsi j'aurais beaucoup plus de temps pour vivre tout simplement et être auprès de ma famille et de mes amis.

Citer   Répondre

Re: Je travaille trop! — 28-2-12 à 16h 02

Aimée
spécialiste
utilisateur

messages: 43

On sait que les cadres ont un statut particulier et ne bénéficient pas de la loi des 35h. Leur salaire plus important est justifié par de nombreuses contraintes et notamment le manque d'horaire fixe.

La convention collective cadre est à même de vous renseigner sur toutes les questions que vous vous posez et aussi vos droits.

Pourquoi ne pas postuler un poste d'employé, avec un salaire moindre et sans responsabilités, si vous n'aimez pas votre boulot à ce point ?

Moi je l'ai fait lorsque j'ai décidé d'avoir une famille. Je gagnais confortablement ma vie, mais vu les horaires, j'aurais dû prendre des dispositions pour faire garder mes enfants.

Il faut voir quelles sont vos priorités dans la vie. On ne peut pas tout avoir !!!

Citer   Répondre

Re: Je travaille trop! — 28-2-12 à 17h 12

Simon
spécialiste
utilisateur

messages: 87

J'ai atteint le sommet de l'échelle de ma catégorie. Le stade suivant est de passer cadre.

Cela ne m'intéresse nullement. Je préfère mon statut actuel : pas de responsabilités, pas d'heures sup, pas d'obligation de travailler le soir, ni de devoir renoncer à un jour de congé.

Mon but dans la vie n'est pas que le travail.

De plus, je suis certain qu'en comparant le tarif horaire, je suis gagnant par rapport au cadre et j'ai plus de temps pour mes loisirs que lui.
Que du bonheur pour moi.

Citer   Répondre

Re: Je travaille trop! — 28-2-12 à 20h 13

Michel
spécialiste
utilisateur

messages: 107

Bien sûr qu'être cadre a ses bons côtés, notamment lors de votre retraite vous bénéficierez de 80% de votre salaire. Les conventions exigent d'un cadre qu'il n'ait pas d'horaire, qu'il soit disponible, etc.

Prenez contact avec l'ANPE pour faire un bilan de vos compétences et voir vers quoi vous diriger si vous souhaitez changer de boulot.

Après, vous pourrez chercher une formation et prendre un congé de formation (foncécif).

Le patron est obligé de cotiser et ne peut refuser que 2 fois.

Si malgré tout, il refuse, vous pourrez toujours démissionner ou alors négocier un licenciement à l'amiable !!!

Il ne faut jamais avoir peur d'exposer son problème car tout patron est plus heureux de voir ses employés bien dans leur peau que d'avoir du personnel non motivé.
Alors courage !

Citer   Répondre

2. LIRE

La semaine de 35 heures est une réforme sociale en France qui a pour but de diminuer le taux de chômage en réduisant et en partageant les heures de travail. Le succès de cette mesure est au centre d'une controverse. Lisez le forum pour vous informer.

3. PARLER

Prenez quelques minutes pour discuter de ce sujet avec d'autres étudiants.

1. Qu'en pensez-vous?

2. Quelle est votre réaction?

3. Avec quelle réponse vous identifiez-vous le plus?

4.  **ECOUTER** **LIRE**

Vous allez écouter 5 entretiens avec des francophones provenant de 5 pays différents. Ils vont répondre à quelques questions.

1. De tous les facteurs cités, à votre avis lequel est le plus important?

2. Dans votre pays, l'éducation est-elle gratuite ou payante ? Qui assume les frais?

3. Quelle est la durée moyenne des vacances pour les travailleurs ? Cela inclue-t-il aussi les jours de maladie?

4. Quel est le salaire moyen d'un travailleur salarié?

5. En moyenne, combien d'heures par semaine travaille-t-on pour être considéré travailleur à temps plein?

6. A votre avis, quels sont les plus grands avantages sociaux de votre pays?

5.  **ECOUTER** **ECRIRE**

En écoutant les entretiens, identifiez de quel pays ils proviennent et comparez leurs réponses. Pour ce faire il est nécessaire de prendre des notes détaillées et de les organiser de façon logique.

6. **PARLER**

Répondez aux questions suivantes.

1. A votre avis, quel pays a la meilleure qualité de vie et pourquoi?

2. Quels sont les facteurs/indicateurs qui comptent le plus à vos yeux?

3. Quels avantages sociaux mentionnés aimeriez-vous voir appliqués aux Etats-Unis?

POINT GRAMMAIRE

Le conditionnel: rapporter des faits en exprimant un doute à leur sujet.
Pour former le conditionnel d'un verbe régulier, prenez l'infinitif du verbe et
ajoutez les terminaisons –ais, –ais, –ait, –ions, –iez, –aient.

Pour les verbes en -re, supprimez le «e» de l'infinitif.

occuper	choisir	apprendre
j'occuper**ais**	je choisir**ais**	je apprendr**ais**
tu occuper**ais**	tu choisir**ais**	tu apprendr**ais**
il/elle/on occuper**ait**	il/elle/on choisir**ait**	il/elle/on apprendr**ait**
nous occuper**ions**	nous choisir**ions**	nous apprendr**ions**
vous occuper**iez**	vous choisir**iez**	vous apprendr**iez**
ils/elles occuper**aient**	ils/elles choisir**aient**	ils/elles apprendr**aient**

7.  ECRIRE   PARLER

On dit souvent que «rien n'est parfait.» Mais si vous aviez la possibilité de créer un monde parfait, quels critères seraient les plus importants. Imaginez que vous faites campagne pour la présidence du pays idéal, et que vous devez délivrer un discours. En utilisant les notes rassemblées à l'écoute des 5 entretiens précédents, préparez votre discours sur l'importance de la qualité de la vie. Assurez-vous de rassembler les meilleurs points pour créer votre idéologie, et laissez de côté les points négatifs.

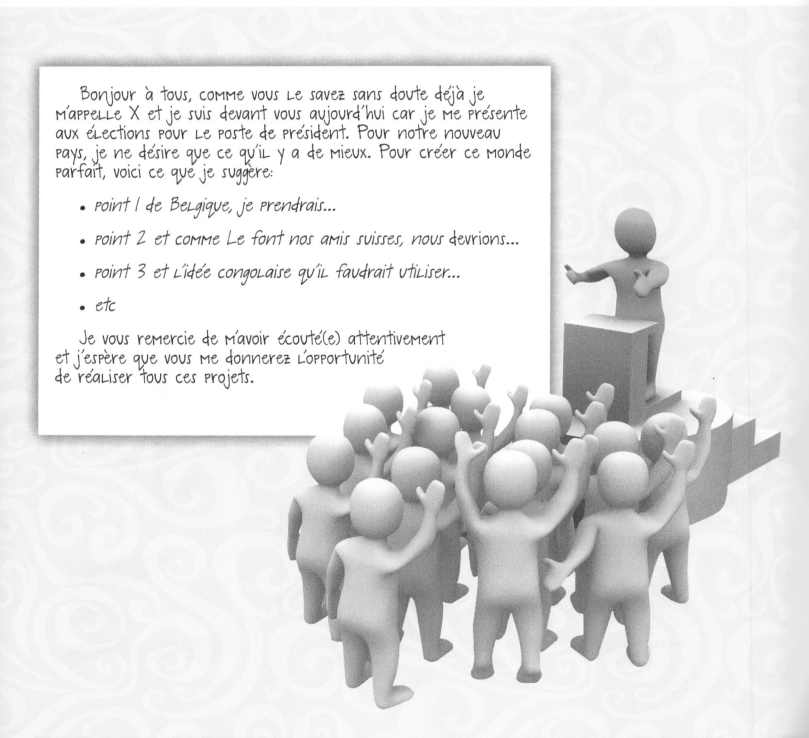

Bonjour à tous, comme vous le savez sans doute déjà je m'appelle X et je suis devant vous aujourd'hui car je me présente aux élections pour le poste de président. Pour notre nouveau pays, je ne désire que ce qu'il y a de mieux. Pour créer ce monde parfait, voici ce que je suggère:

- point 1 de Belgique, je prendrais...

- point 2 et comme le font nos amis suisses, nous devrions...

- point 3 et l'idée congolaise qu'il faudrait utiliser...

- etc

Je vous remercie de m'avoir écouté(e) attentivement et j'espère que vous me donnerez l'opportunité de réaliser tous ces projets.

Préparez-vous pour l'examen

TIPS AND TRICKS CHECKLIST

Chapter	Tip	Trick
0	Pre-read	Pre-read title and introduction to make predictions
	Overcome unknown vocabulary	Use prefixes and suffixes
		Look for familiar etymology
		Read everyday
1	Read quickly	Identify the 5 Ws
	Read critically	Identify the register
	Find your reading purpose	read questions ahead of time so you can read with purpose
2	Connect the passage to the purpose	underline key sentences
3	Don't overlook the details	Don't leave answers blank
		Look for synonyms in answers
		Watch out for exclusive answers
		Don't pick the most complicated answer

TIP: DON'T OVERLOOK THE DETAILS

Trick: Don't leave answers blank

You only get credit for the questions you answer correctly. Points are not deducted for incorrect answers or unanswered questions. This means you should never leave a question unanswered. Guessing is an art, so perfect your skills! Answer the easiest questions first. Then, be sure to remember that most questions follow the order of the passage. Knowing this might help you identify the section of the passage that answers the question. Last but not least, use the process of elimination. Don't worry if you guess incorrectly; you are no worse off than just leaving it blank, so go for it!

Trick: Don't pick the most complicated answer

As a language learners, we are all impressed by complicated answers. The writers of the exam know this, and sometimes they will include complicated responses to trick you. Don't pick an answer just because you don't know what it means.

Trick: Watch out for exclusive answers

Answers that contain the words always or never are dangerous, and they're typically not correct. Beware if you see an answer with *toujours* or *jamais*. If the text does not explicitly state these frequencies, those answers are likely a trick.

Trick: Look for synonyms in answers

Often times the answer is not the exact word or phrase used in the passage. Instead, the question will contain a synonym of a word from the reading.

C'est à vous

Complete the task while strategically answering questions based on the tips and tricks provided in this lesson.

> The following text is accompanied by a number of questions. For each question, choose the response that is best according to the selection.

> La sélection suivante est accompagnée de plusieurs questions. Pour chaque question, choisissez la meilleure réponse selon la sélection.

Introduction : La sélection suivante fait référence au monde du travail et à la jeunesse. L'article original a été écrit par Hela Khamarou et publié le 11 mars 2011 par Rue89.com

Chômage, stages, précarité : les jeunes, ces «esclaves modernes»

Le nouveau numéro d'Alternatives Economiques (n°300 de mars 2011) fait sa couverture sur la jeunesse dite «Génération galère». Dans cette enquête, AE fait un état des lieux du chômage des 15-25 ans qui atteint les 24% en 2010. Notons qu'il s'agit là d'une enquête sur la jeunesse qui est déjà dans la vie active, ou qui essaye désespérément de l'être.

5 Un autre chiffre me vient en tête, dans un article de Time du 28 février sur les révoltes de la jeunesse arabe. Il y était mentionné que le chômage des jeunes dans ces pays atteignait les 25%. Drôle de coïncidence. Sauf que nous, jeunes Français, nous ne faisons rien pour changer les choses. Nous sommes pris dans ce marasme. Et pourtant, notre quotidien est de plus en plus difficile.

Selon les critères économiques et sociaux, la «jeunesse» est un terme bien plus vague qu'il y a cinquante ans.
10 C'est pourquoi les limites de cette enquête sont très vite atteintes. Le quart de siècle ne marque pas la fin de la jeunesse et l'entrée dans la vie active et le monde adulte. Au contraire, le concept évolue en fonction des difficultés économiques et sociales auxquelles font face ces nouvelles générations. A 30-35 ans, nous rentrons encore dans la case «jeunesse». Nous sommes des «vieux-jeunes».

Aujourd'hui, être jeune est un réel défi. Entre faire des études plus longues car on nous a promis que plus
15 d'études = plus de sécurité, trouver un stage, un premier emploi (souvent précaire), ou un CDI (sésame du droit au bonheur?) ou encore pouvoir être locataire, il semble bien loin le temps où la jeunesse française trouvera une stabilité pourtant bien méritée.

La pauvreté frappe lourdement les jeunes : 20% des 20-24 ans et 12% des 25-29 ans. Alors que le Smic a augmenté de 121 euros en quinze ans pour atteindre en 2011 la coquette somme de 1 071 euros mensuels net, la jeunesse
20 doit se battre pour joindre les deux bouts.

Nous sommes de plus en plus dépendants de nos parents. Et même si nous finissons par trouver un travail, celui-ci demeure précaire. Aujourd'hui, si un jeune trouve un premier emploi, il a de grandes chances pour que ce CDD soit suivi d'une nouvelle période de chômage de plusieurs mois avant de retrouver un emploi.

Il est donc difficile d'accéder à une toute relative indépendance financière sans retomber au moindre revers dans les
25 pattes de papa et maman. Et qu'en est-il d'une partie de cette jeunesse qui ne peut pas compter sur un parent pour le nourrir?

En France aujourd'hui, une partie de la jeunesse vit en dessous du seuil de pauvreté. Et ce ne sont pas les dernières mesures du gouvernement permettant un RSA jeune qui arrivent à endiguer ce phénomène.

Ligne (5, 10, 15, 20, 25)

Alors que les Français se battaient pour sauver leurs retraites à l'automne 2010, la jeunesse était dans la rue,
30   consciente que son sort était lié à ce mouvement. Nous étions aux côtés des manifestants et nous scandions ce
message: «Laissez-nous payer vos retraites». Délibérément provocateur, ce slogan avait pour but de sensibiliser
l'opinion publique sur le problème du chômage des jeunes.

La réalité est brutale : la crise économique de 2008 a aggravé la situation. Aujourd'hui, la période d'essai payée est
remplacée par un stage (rémunéré à 30% du Smic au-delà de deux mois de stage) qui est loin d'être la garantie de
35   l'embauche à la fin du stage.

Autre fait majeur, les postes dits «juniors» ont eux aussi été remplacés par des stages. En gros, c'est du travail
dissimulé. J'irai même plus loin, c'est une nouvelle forme d'esclavagisme moderne. D'ailleurs, quels sont les droits
des stagiaires ? Ils ne sont pas comptabilisés dans les effectifs de l'entreprise, ils n'ont pas le droit à des congés
payés, et n'ont pas de syndicat.

40   Par contre, ils sont très productifs ces petits jeunes, souvent surqualifiés, acceptant des postes déclassés, et prêts à
faire des heures supplémentaires non rémunérées par espoir d'être embauchés à la fin de leur stage (ce qui demeure
un fait assez rare). Il est bien loin le temps du stage café/photocopieuse.

Le collectif Génération précaire se bat depuis 2005 pour amener le débat dans la sphère publique, mais pourtant les
abus continuent. De 800 000 stagiaires il y a quelques années, nous sommes passés à prêt de 1,5 million en 2010.

45   Les étudiants ne font plus un seul stage de fin d'études, mais plusieurs stages tout au long de leur parcours
académique. La multiplication des stages par étudiant découle de cette pénurie d'emplois. Drôle de société dans
laquelle nous vivons où il y a du travail (les stages le prouvent) mais pas d'emplois.

---

1. Pour quelle raison l'article a-t-il été écrit?

   a. motiver les jeunes

   b. raconter l'histoire des révoltes de la jeunesse arabe

   c. décrire les difficultés des jeunes d'aujourd'hui

   d. résoudre la crise économique des jeunes

2. Dans cet article, quel est le ton de l'auteur?

   a. optimiste

   b. pessimiste

   c. sarcastique

   d. humoristique

3. Selon l'article, la fin de la jeunesse qui coincide avec l'entrée dans la vie active:

   a. commence plus tôt qu'autrefois

   b. n'a pas changé depuis 50 ans

   c. devient de plus en plus facile avec l'augmentation du SMIC

   d. n'est plus à l'âge de 25 ans.

4. Que veut dire «CDI»?

   a. Contrat à durée inachevable

   b. Contrat à durée indéterminée

   c. Contrat à durée intégrale

   d. Contrat à durée impartiale

5. Selon l'article, après la crise économique de 2008

   a. la vie devient plus facile pour les stagiaires

   b. la vie n'a pas changé pour les stagiaires

   c. les stagiaires font rarement des stages

   d. les stagiaires acceptent beaucoup plus de responsabilités

TIPS AND TRICKS CHECKLIST

Chapter	Tip	Trick
0	Pre-read	Pre-read title and introduction to make predictions
		Read questions ahead of time
	Find your purpose	Underline key sentences
1	Connect the passage to the purpose	Take detailed notes on the audio
	Read quickly	Know the test instructions by heart
	Manage your time wisely	
2		Answer passage-specific questions first
		Refocus during the pause between readings
		Don't panic
		Don't leave answers blank
3	Don't overlook the details	Look for synonyms in answers
		Watch out for exclusive answers
		Don't pick the most complicated answer

TIP: DON'T OVERLOOK THE DETAILS

Trick: Don't leave answers blank

You only get credit for the questions you answer correctly. Points are not deducted for incorrect answers or unanswered questions. This means you should never leave a question unanswered. Guessing is an art, so perfect your skills! Answer the easiest questions first. Then, be sure to remember that most questions follow the order of the passage. Knowing this might help you identify the section of the passage that answers the question. Last but not least, use the process of elimination. Don't worry if you guess incorrectly; you are no worse off than just leaving it blank, so go for it!

Trick: Look for synonyms in answers

Often times the answer is not the exact word or phrase used in the passage. Instead, the question will contain a synonym of a word from the reading.

Trick: Watch out for exclusive answers

Answers that contain the words always or never are dangerous, and they're typically not correct. Beware if you see an answer with *toujours* or *jamais*. If the text does not explicitly state these frequencies, those answers are likely a trick.

Trick: Don't pick the most complicated answer

As a language learner, we are all impressed by complicated answers. The writers of the exam know this, and sometimes they will include complicated responses to trick you. Don't pick an answer just because you don't know what it means.

ECRIRE

C'est à vous

Complete the task while strategically answering questions based on the tips and tricks provided in this lesson.

<table>
<tr>
<td>

You will read a passage and listen to an audio selection. For the reading selection, you will have a designated amount of time to read it. For the audio selection, first you will have a designated amount of time to read a preview of the selection as well as to skim the questions that you will be asked. The selection will be played twice. After listening to the selection the first time, you will have 1 minute to begin answering the questions; after listening to the selection the second time, you will have 15 seconds per question to finish answering the questions. For each question, choose the response that is best according to the audio and/or reading selection and mark your answer on your answer sheet.

</td>
<td>

Vous allez lire un passage et écouter une sélection audio. Pour la lecture, vous aurez un temps déterminé pour la lire. Pour la sélection audio, vous aurez d'abord un temps déterminé pour lire une introduction et pour parcourir les questions qui vous seront posées. La sélection sera présentée deux fois. Après avoir écouté la sélection une première fois, vous aurez 1 minute pour commencer à répondre aux questions; après avoir écouté la sélection une deuxième fois, vous aurez 15 secondes par question pour finir de répondre aux questions. Pour chaque question, choisissez la meilleure réponse selon la sélection audio ou la lecture et indiquez votre réponse sur votre feuille de réponse.

</td>
</tr>
</table>

Source 1:

Introduction: La sélection suivante aborde le sujet des horaires dans les magasins en Suisse. Le reportage original a été publié le 16 juin 2010 en Suisse par Le Syndicat Interprofessionel de Travailleuses et Travailleurs.

Le personnel réuni en Assemblée et les syndicats SIT et Unia appellent à présent les parlementaires à prendre en considération l'extension des heures d'ouverture des commerces et invite la population au rassemblement devant le parlement le jeudi 17 juin dès 16h00, jour du débat parlementaire. «Non» à une extension des heures d'ouverture des magasins.

Ligne

Contacts:

5   Syndicat SIT: Valérie Balleys et Lara Cataldi Syndicat Unia: Joël Varone

Le personnel de vente refuse l'extension des horaires des magasins

Communiqué de presse 16.6.2010

Sans compensation suffisante : le personnel de vente refuse l'extension des horaires des magasins. ▶ Réuni par les syndicats Sit et Unia en Assemblée générale le 15 juin 2010, le personnel de vente du canton de Genève s'est dit prêt, à une très large majorité, à combattre par référendum toute extension des heures d'ouverture des commerces.

10   Au cours de cette assemblée, le personnel a été amené à se prononcer sur le résultat des négociations qui ont eu lieu de fin janvier à début juin entre les syndicats et les associations patronales. Ces négociations portaient sur une amélioration de la Convention collective cadre du commerce de détail (qui arrive à échéance fin 2010) contre une extension des heures d'ouverture des commerces à 19h30 en semaine, 19h le samedi et 2 dimanches par an. Après discussion et débats, le personnel a estimé que les améliorations concédées par les patrons dans le cadre de ces négociations étaient clairement insuffisantes et bien en dessous des revendications syndicales. L'absence de

15   compensation salariale pour tout le personnel (alors que le salaire médian stagne dans ce secteur depuis l'entrée en vigueur de la CCT), le refus de compensations pour le travail au-delà de 19h et pour le travail du samedi, l'absence de protection contre de longues journées de travail (dont l'amplitude peut aller jusqu'à 14 heures) et la dégradation continuelle des conditions de travail ces dernières années dans le secteur ont pesé dans la balance.

Source 2: Sélection Audio

Introduction: La sélection traite de l'expansion des heures de travail à Genève.
Cet extrait audio s'intitule *Entretien avec Pierre-François Unger concernant l'ouverture des magasins à Genève*. Il a été diffusé sur RTS, Radio Télévision Suisse.

1. Quel est le sujet du débat à Genève?
   a. Le gouvernement veut éliminer la flexibilité des heures de travail.
   b. Les marchands refusent de travailler le week-end.
   c. Les marchands sont mécontents quant au salaire minimum interprofessionnel de croissance.
   d. Un changement de l'horaire d'ouverture est proposé.

2. Quel est le ton de la sélection audio?
   a. optimiste
   b. persuasif
   c. pessimiste
   d. antagoniste

3. Selon le passage, le personnel de vente refuse l'extension des horaires des magasins
   a. parce qu'il ne veut pas travailler le week-end.
   b. parce qu'il pense que les patrons sont déjà trop riches.
   c. parce qu'il n'y aurait pas assez de compensation pour tout le personnel.
   d. parce que les transports en commun sont fermés le dimanche.

4. Selon l'article, quel facteur n'était pas une des causes du mécontentement du personnel?
   a. Le manque de sécurité concernant la durée de la journée de travail.
   b. Le personnel de vente ne veut jamais travailler le week-end.
   c. Aucune augmentation de salaire n'était inclue.
   d. La continuité des mauvaises conditions de travail.

5. Selon la sélection audio, quelle est la cause principale de l'échec de cette initiative?
   a. Le manque d'harmonisation des heures de travail
   b. L'augmentation du tourisme
   c. Le manque de soutien des partenaires sociaux
   d. L'augmentation des impôts locaux

TIPS AND TRICKS CHECKLIST

Chapter	Tip	Trick
0	Identify the register	Choose tu or vous
	Begin and end well	Practice your introductions
		Practice your closing
1	Use your time wisely	Block your time
	Address the question posed	underline the question/request
2	Elaborate, elaborate, elaborate	Provide lots of details
		Highlight your knowledge
		Choose varied vocabulary
		Use idiomatic expressions
3	Give a polished answer	

TIP: GIVE A POLISHED ANSWER

Trick: Choose varied vocabulary

Exam readers get bored reading the same French 1 vocabulary over and over. A good response includes high value words. Show off your synonym skills by choosing rich adjectives and verbs to spice up your sentences.

Trick: Use idiomatic expressions

Do not translate from English! You learned in your first semester of French that a direct translation rarely works. Don't believe it? Try directly translating *I am 15 years old*. When you're writing, be sure to choose the correct words, not simply the words that would be used in English. As your teacher will correct your responses throughout the year, these errors will be identified. Be sure to focus on correcting them so you will sound *très français*.

 ECRIRE

Practice recognizing idioms by reading the table below. For each idiomatic phrase, provide a synonym and an antonym that correspond.

 LIRE   **ECRIRE**

Pre-read the email on the following page. Use context clues to define the following high-level vocabulary.

1. Délais
2. Traiter
3. Fournir
4. Soumises
5. Les données
6. Disponibilité

L'EXPRESSION IDIOMATIQUE	UN SYNONYME	UN ANTONYME
je m'en vais	sortir	rester
j'accuse réception		
mettre la clé sous la porte		
mettre cartes sur table		
avoir plus d'une corde à son arc		
ça passe ou ça casse		
garder une poire pour la soif		
se vendre comme des petits pains		
c'est de l'or en barre		
mettre les points sur les i		
avoir du pain sur la planche		
être fauché comme les blés		
couper la poire en deux		

 **ECRIRE** C'est à vous

Complete the task.

<table>
<tr>
<td>

You will write a reply to an e-mail message. You have 15 minutes to read the message and write your reply. Your reply should include a greeting and a closing and should respond to all the questions and requests in the message. In your reply, you should also ask for more details about something mentioned in the message. Also, you should use a formal form of address.

</td>
<td>

Vous allez écrire une réponse à un message électronique. Vous aurez 15 minutes pour lire le message et écrire votre réponse. Votre réponse devrait débuter par une salutation et terminer par une formule de politesse. Vous devriez répondre à toutes les questions et demandes du message. Dans votre réponse, vous devriez demander des détails à propos de quelque chose mentionnée dans le texte. Vous devriez également utiliser un registre de langue soutenue.

</td>
</tr>
</table>

Introduction: C'est un message de Madame Sandrine Ledoyen, coordinatrice nationale des centres « Espace Enfants. », centres spécialisés à l'animation des 6 à 12 ans, le mercredi après-midi. Elle vous écrit pour confirmer la réception de votre candidature ainsi que pour vous demander quelques informations supplémentaires avant de vous accorder un entretien.

De: Sledoyen@espace-enfant.fr
A: Cdubois@monmail.fr
Date : 19-04-2012

Mademoiselle,

J'accuse réception de votre courrier du 14 avril, relatif au poste d'animatrice, disponible dans notre centre de Lille. Afin que je puisse traiter votre candidature dans les plus brefs délais, il est nécessaire que vous nous fournissiez des renseignements supplémentaires et que vous confirmiez certaines données sur votre formulaire de candidature.

Veuillez nous faire parvenir les documents suivants :
- copie de votre BAC
- copie de votre BAFA
- lettre de recommandation de votre ancien employeur

Tous ces documents doivent être soumis en format PDF. Veuillez également confirmer les données suivantes :
- votre adresse physique
- votre numéro de téléphone
- votre date de disponibilité
- le nombre d'heures (par semaine) que vous désirez

Une fois en possession de ces documents et de ces renseignements et après révision desdits documents, je vous contacterai afin de vous proposer une date pour un entretien avec Mr Guy Delorme, notre coordinateur national.

Je vous prie d'agréer, Mademoiselle, l'expression de mes salutations les meilleures.

Sandrine Ledoyen
Coordinatrice-Nord Pas de Calais
Espace Enfants

---

formulaire Stage salarié
horaire mi-temps démissionner
postuler

Presentational Writing: Persuasive Essay

TIPS AND TRICKS CHECKLIST

Chapter	Tip	Trick
0	Make a personal connection to the topic	Give a personal example in the first paragraph
	Find your purpose	Use *on* in formal writing
1	Use your time wisely	Block your time
	Understand the sources	Underline citable sections in the reading
		Take notes while listening
2	Form a structured response	Organize your response
		Use transitions
		Give credit to the source
3	Cite the sources	Paraphrase citations
		Use chart vocabulary
		Use a specific example from the listen and answer listening section
		Let the sources do the work for you
	Justify your opinion	

TIP: CITE THE SOURCES

Trick: Use the source number

It might be counterintuitive to skip a vocabulary word like *l'article* or *l'image*, however using the phrase *Source 1* allows the graders to quickly assess what sources you have cited in your response. In the following table you'll find vocabulary to help you integrate your citations into your response.

Selon Source 1	According to Source 1
Souce 2 dit	**Souce 2 says**
En ce qui concerne l'auteur de Source 3	As far as the author of Source 3 is concerned
L'auteur de Source 1 attire notre attention sur	The author of Source 1 draws our attention to
L'auteur de Source 2 nous rappelle	The author of Source 2 reminds us of
L'auteur de Source 3 nous signale que	The author of Source 3 points out that

Trick: Use a specific example from the listen and answer listening section

You took extensive notes while you were listening, so now use them. Be sure to include very specific examples from that audio selection.

Trick: Discuss the data

It is so important to use each of the three sources. The third source is a visual one, often times a table. Many students struggle to make statements in French about data. Don't forget that we spent time in Chapter 2 learning how to present and discuss data. Refer back to that section if needed.

Trick: Paraphrase citations

Whatever you do, do not copy word for word from any source. It is important you rephrase. This can be difficult to do in another language, but rely on synonyms to get you through it.

TIP: JUSTIFY YOUR OPINION

Trick: Let the sources do the work for you

Be sure to align your opinion with the evidence in the three sources. Let your response build to a conclusion that includes your opinion rather than trying to dispute what the selections present.

 ECRIRE

Réécrivez les phrases suivantes en français «simple».

1. Les restrictions économiques imposées à l'Allemagne à la suite de la première guerre mondiale sont directement liées au commencement de la Seconde Guerre mondiale.

2. Le pourcentage global de réussite pour la seconde session des examens de l'université de Bruxelles, faculté de droit, qui se sont déroulés du 23 au 26 septembre 2008 est de 73,79%.

3. Avant votre entretien vous recevrez un courrier vous demandant de fournir certains renseignements supplémentaires nécessaires à l'organisation de votre transport.

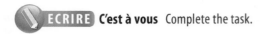

ECRIRE C'est à vous Complete the task.

You will write a persuasive essay to submit to a French writing contest. The essay topic is based on three accompanying sources, which present different viewpoints on the topic and include both print and audio material. First, you will have 6 minutes to read the essay topic and the printed material. Afterward, you will hear the audio material twice; you should take notes while you listen. Then, you will have 40 minutes to prepare and write your essay. In your persuasive essay, you should present the sources' different viewpoints on the topic and also clearly indicate your own viewpoint and defend it thoroughly. Use information from all of the sources to support your essay. As you refer to the sources, identify them appropriately. Also, organize your essay into clear paragraphs.

Vous allez écrire un essai persuasif pour un concours d'écriture de langue française. Le sujet de l'essai est basé sur trois sources ci-jointes, qui présentent des points de vue différents sur le sujet et qui comprennent à la fois du matériel audio et imprimé. Vous aurez d'abord 6 minutes pour lire le sujet de l'essai et le matériel imprimé. Ensuite, vous écouterez l'audio deux fois; vous devriez prendre des notes pendant que vous écoutez. Enfin, vous aurez 40 minutes pour préparer et écrire votre essai. Dans votre essai, vous devriez présenter les points de vue différents des sources sur le sujet et aussi indiquer clairement votre propre point de vue que vous défendrez à fond. Utilisez les renseignements fournis par toutes les sources pour soutenir votre essai. Quand vous ferez référence aux sources, identifiez-les de façon appropriée. Organisez aussi votre essai en paragraphes bien distincts.

Sujet de la composition:

Le télétravail est-il une bonne option?

Source 1:
Introduction: Dans cette sélection il s'agit du télétravail. Ces textes sont les réponses aux questions posées par Ginette Villa sur les avantages et les inconvénients de cette façon de travailler.

Ligne

5

Delphine Giroud

Bonjour,

Quels sont pour vous les inconvénients du télétravail??

Pourriez-vous me donner vos avis et réactions sur le télétravail. En effet, je dois rédiger un article à ce sujet et vos témoignages m'intéressent.

Merci de me dire aussi si vous acceptez d'être cités dans ledit article.

Cordialement.

Christelle Dubois

Bonjour,

10   Je suis télétravailleuse, bien que 30% de mon temps (cela est stipulé dans mon contrat), soit également prévu pour des déplacements sur nos sites de fabrication ainsi que pour l'accompagnement de nos commerciaux chez les clients.

Mon travail se résume au marketing de ma société ainsi que de son service création.

L'indépendance et l'organisation de son travail (sans personne derrière soi) sont pour moi des atouts majeurs.

Une très grande rigueur et de la structuration ainsi que la possibilité d'être joignable à tout moment, sont ultra nécessaires à cette formule de travail.

15   Cela peut être contraignant. C'est pourquoi, il est impératif de savoir mettre des barrières entre vie privée et vie professionnelle !

A cet effet, je me suis aménagé un espace privé, bien à moi, dans la maison. C'est important.

C'est aussi un avantage, car en cas de nécessité et d'urgence, on peut toujours retravailler sur un dossier ou autre mail, le soir après souper, et cela sans avoir l'inconvénient de rester "coincé" au bureau.

Je pense également que l'on travaille plus rapidement chez soi, déjà du fait que l'on ne perd pas de temps en déplacements, bien que je doive,

20   quand même, me rendre au bureau de poste qui ne se trouve pas à côté de la maison !

Cependant, le manque de contacts reste le plus gros inconvénient...

Le téléphone, Internet (des outils formidables, bien sûr) nous permettent de rester en contact avec la société, c'est évident, mais quand vous restez une ou deux semaines sans vous déplacer, ne voir personne de la journée devient pesant.

Un réseau de télétravailleurs dans ma région, que l'on pourrait rencontrer de temps en temps, serait l'idéal pour moi.

25   Cela me fait penser que finalement la pause-café dans les entreprises est très agréable et importante pour les échanges même si cela fait perdre un peu de temps de travail ... !!! Voilà mon avis sur le sujet, n'hésitez pas à me contacter si vous le désirez.

Frédéric Hinix

Extrait de ma réponse via l'autre hub : www.portail-des-pme.fr/.../1351-le-teletravail

30 «Ce n'est pas nouveau de travailler chez soi. La plupart des commerçants ont commencé ainsi. le monde moderne offre les outils appropriés au télétravail, c'est tout. Quelle est la signification du travail à domicile»?

Pour moi, les obligations sont PRATIQUEMENT identiques à celles du travail à l'extérieur.

Je ne pense pas qu'en entreprise, vous pourriez emmener votre enfant avec vous sur votre lieu de travail.

35 Madame Dubois, il a aussi le fait que pas mal de personnes ne savent pas faire la séparation nécessaire entre vie privée et vie professionnelle même s'ils travaillent à l'extérieur de chez eux.

Michel Denis

Christelle,

J'ai fonctionné comme vous pendant plusieurs années.

40 Je vous comprends donc très bien et l'importance des contacts «réels», sociaux et conviviaux sont primordiaux. Même les outils les plus performants ne les remplaceront jamais!

Pourtant, après avoir travaillé quelques années dans une multinationale américaine, j'ai apprécié la «co-présence» dans les «espaces virtuels» 3D immersifs utilisables en télétravail à domicile.

J'ai donc récemment démarré ma petite société e n France, spécialisée dans ce genre de
45 solution, suite à cette expérience qui m'a parue très positive!

Michel

Source 2: Sélection Audio 🎧
Introduction

La sélection audio suivante présente certaines personnes qui participent à la journée suisse du télétravail (19 mai 2011); elles discutent des avantages du télétravail. L'extrait audio s'intitule *Pour ou contre le télétravail en Suisse* et a été diffusé sur RTS, Radio Télévision Suisse.

Source 3: 🔍
Introduction

Cette sélection traite des possibilités du travail mobile, en fonction des catégories professionnelles (Eurostat 2011).

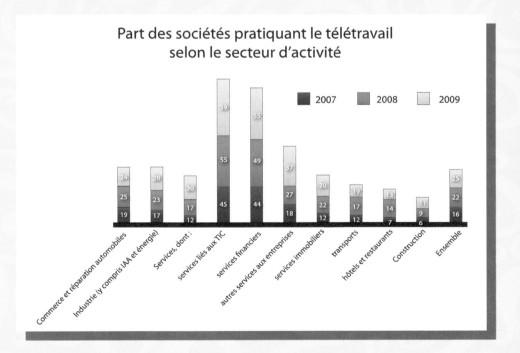

Part des sociétés pratiquant le télétravail selon le secteur d'activité

TIPS AND TRICKS CHECKLIST

Chapter	Tip	Trick
0	Identify the register	Choose tu or vous
	Begin and end well	Practice your introductions
		Practice your closing
1	Read the outline well	Underline the type of response
		Determine if your response will be affirmative or negative
		Brainstorm details on the outline
2	Speak for 20 seconds	Refocus during the pause between readings
		STOP speaking when you hear the tone
3	Give a polished answer	Self-correct
		Make your conversation sound real

TIP: GIVE A POLISHED ANSWER

Trick: Self-correct

Everyone makes mistakes, even AP students. Did you know you're allowed to make mistakes on the exam without being penalized? All you need to do is correct yourself. There is even a section on the grading rubric to assess if your self-correction aided the listener's comprehension. If you want to self-correct (and you should), include these three helpful phrases:

• I mean	*Je veux dire*
• I meant to say	*Je voulais dire*
• Excuse me	*Pardon/Excusez-moi*

Trick: Make your conversation sound real

The readers will always ask if the conversation felt authentic. If you're not animated in your response, or if your response is overly boring, your score will reflect that. Be sure to use voice inflection when speaking. Also, use the brainstorming notes you took in your outline to make a personal connection. Throw in personal details to make the listener feel as though you're talking to a real person, not just a computer microphone.

Trick:

Employ the most sophisticated grammar and vocabulary that you have mastered. To earn a 5, sophisticated structures like the subjunctive must be spoken correctly in unrehearsed situations like this task. Do not try to use grammar and vocabulary that are new or unfamiliar.

C'est à vous

Complete the task.

<table>
<tr><td>You will participate in a conversation. First, you will have 1 minute to read a preview of the conversation, including an outline of each turn in the conversation. Afterward, the conversation will begin, following the outline. Each time it is your turn to speak, you will have 20 seconds to record your response. You should participate in the conversation as fully and appropriately as possible.</td><td>Vous allez participer à une conversation. D'abord, vous aurez une minute pour lire une introduction à cette conversation qui comprend le schéma des échanges. Ensuite, la conversation commencera, suivant le schéma. Quand ce sera à vous de parler, vous aurez 20 secondes pour enregistrer votre réponse. Vous devriez participer à la conversation de façon aussi complète et appropriée que possible.</td></tr>
</table>

Introduction

Vous êtes en train de téléphoner au directeur des ressources humaines (DRH) de la société où vous avez posé votre candidature. Vous participez à cette conversation parce que vous passez un pré-entretien téléphonique avec cette société pour déterminer si votre candidature sera retenue pour un entretien d'embauche au siège central de la société, à Paris.

Directeur	• Il vous salue et vous demande de confirmer votre identité.
Vous	• Saluez-le et identifiez-vous.
Directeur	• Il vous décrit la procédure et vous demande si vous êtes prêt(e).
Vous	• Dites que vous êtes prêt.
Directeur	• Il vous demande d'expliquer votre motivation pour le poste recherché.
Vous	• Donnez au moins 2 raisons pour votre candidature.
Directeur	• Il vous demande des détails sur vos qualifications.
Vous	• Décrivez votre expérience dans une entreprise concurrente ainsi que vos diplômes, brevets.
Directeur	• Il vous demande de vous décrire.
Vous	• Décrivez votre personnalité.
Directeur	• Il vous interroge sur vos buts.
Vous	• Expliquez vos buts dans votre vie professionnelle et dans votre vie personnelle.
Directeur	• Il vous demande vos dates de disponibilité.
Vous	• Informez-le que vous n'avez pas d'obligations pour les 3 semaines à venir.
Directeur	• Il termine la conversation.
Vous	• Dites au revoir et remerciez-le de son appel.

Presentational Speaking: Cultural Comparison

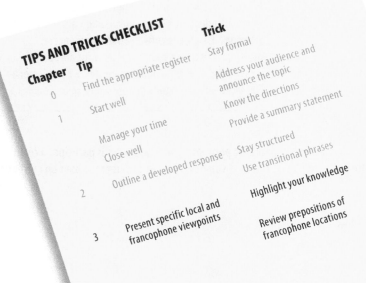

TIPS AND TRICKS CHECKLIST

Chapter	Tip	Trick
0	Find the appropriate register	Stay formal
1	Start well	Address your audience and announce the topic
	Manage your time	Know the directions
	Close well	Provide a summary statement
2	Outline a developed response	Stay structured
		Use transitional phrases
3	Present specific local and francophone viewpoints	Highlight your knowledge
		Review prepositions of francophone locations

TIP: PRESENT SPECIFIC LOCAL AND FRANCOPHONE VIEWPOINTS

Trick: Highlight your knowledge

Do not try to invent dates and details; speaking in French is hard enough when you know the facts. Be smart when choosing the details you include in your response. Choose examples that highlight what you know, not what you wish you knew. For example, if the prompt asks you to compare unemployment in the U.S. to that of the francophone world, first ask yourself what you know about unemployment in any French-speaking country. Don't assume your answer has to be about France. Perhaps you read an article about Canadian unemployment or work conditions in Switzerland. The details you include from your prior knowledge will impress the judges, so be sure to show off what you know in your response.

Trick: Review prepositions of francophone locations

When prepositions are incorrectly employed, it can sound like fingernails on a chalkboard to a native speaker. To keep the judges focused on the content of your answer, be sure you remember the rules about referring to a country in French.

Feminine Country (ends in –e): en   Masculine Country (doesn't end in-e): au

Exceptions: le Belize, le Cambodge, le Mexique, le Mozambique, le Zaïre, le Zimbabwe

Remember that masculine countries beginning with a vowel will also take 'en'.

Examples: en Israël, en Irak

PARLER

C'est à vous

Complete the task.

You will make an oral presentation on a specific topic to your class. You will have 4 minutes to read the presentation topic and prepare your presentation. Then you will have 2 minutes to record your presentation. In your presentation, compare your own community to an area of the French speaking world with which you are familiar. You should demonstrate your understanding of cultural features of the French-speaking world. You should also organize your presentation clearly.	Vous allez faire un exposé pour votre classe sur un sujet spécifique. Vous aurez 4 minutes pour lire le sujet de présentation et préparer votre exposé. Vous aurez alors 2 minutes pour l'enregistrer. Dans votre exposé, comparez votre propre communauté à une région du monde francophone que vous connaissez. Vous devriez montrer votre compréhension des facettes culturelles du monde francophone. Vous devriez aussi organiser clairement votre exposé.

Sujet de la composition:

Comparez les heures de travail par semaine aux États-Unis à celles en France. Quel système préférez-vous et pourquoi?

Je t'aime
à la folie

Ah, l'amour

OBJECTIF
Exprimer ses désirs

1. LIRE

Regardez les images ci-dessus qui montrent des séances de speed-dating.

2. ECRIRE

Décrivez ce que vous voyez sur les photos en employant du vocabulaire de l'amour (ou du contraire!).

3. ECRIRE

Décrivez votre compagnon ou compagne idéal(e). Faites une liste d'une dizaine de ses qualités. Dans cette liste, vous pourrez décrire ses activités favorites ou ses attributs personnels. Ensuite, arrangez les éléments de la liste selon leur importance.

Modèle: aime sortir, optimiste, souriant

POINT GRAMMAIRE

Je cherche quelqu'un qui est une expression qui exige le subjonctif car c'est une proposition hypothétique. On ne sait pas si la personne en question existe en réalité! Pensez à des phrases qui expriment ce que la personne veut faire, peut faire, aime faire aussi bien que des attributs.

Modèles:
*Elle cherche quelqu'un qui **soit** intellectuel et optimiste.*

*Tu cherches quelqu'un qui **puisse** parler une deuxième langue.*

---

4. **PARLER**

A partir de la liste de qualités que vous avez faite, expliquez à l'oral à votre partenaire ce que vous cherchez dans un compagnon ou une compagne. Commencez chaque phrase par «je cherche quelqu'un qui». N'oubliez pas d'employer le subjonctif!

5. **ECRIRE**

Maintenant écrivez quelques exemples de l'exercice précédent. Encore une fois, attention au subjonctif!

Haylie cherche quelqu'un qui ...?

Haylie décide d'organiser ses pensées en dessinant ce qu'elle cherche comme compagnon. Elle va suivre trois étapes:

1. Elle fait une liste de qualités qu'elle cherche dans un compagnon.
2. Elle met les qualités en ordre selon leur importance et elle met le pourcentage qui correspond à chaque qualité. Attention – il faut que tous les pourcentages équivalent à une somme de 100.
3. Elle fait un camembert dans lequel chaque qualité a sa taille (par rapport au pourcentage) et sa couleur (pour différencier les qualités).

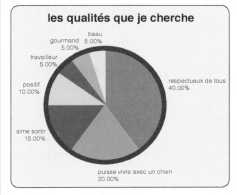

les qualités que je cherche

- beau 5.00%
- gourmand 5.00%
- travailleur 5.00%
- positif 10.00%
- respectueux de tous 40.00%
- aime sortir 15.00%
- puisse vivre avec un chien 20.00%

6. **LIRE** **ECRIRE**

Examinez le camembert que Haylie a dessiné. Ecrivez un paragraphe qui explique ce qu'elle recherche chez un compagnon. Expliquez comment les qualités qu'elle a choisies montrent sa personnalité aussi.

Modèle: Cela se voit que Haylie adore les animaux puisqu'elle veut que son compagnon puisse vivre avec un chien.

7. **ECRIRE**

Avec la liste des qualités que vous recherchez dans un compagnon ou une compagne organisées par ordre d'importance, écrivez le pourcentage qui correspond à chaque qualité. Attention – ne dépassez pas un total de 100%! Ensuite, dessinez un camembert qui montre ce que vous recherchez. Expliquez-le à un partenaire et/ou essayez de lire le camembert de votre partenaire.

POINT CULTURE

Faire un camembert – ce n'est pas que pour les fromagers! Un camembert est un graphique qui ressemble à un fromage coupé en tranches. Les français adorent leur fromage! Et les camemberts sont une excellente façon d'organiser ses pensées!

8. **LIRE** **ECRIRE**

Salut! Je m'appelle Nachida et je suis d'origine algérienne. Maintenant je vis et travaille en région parisienne et je suis à la recherche d'un compagnon. Plutôt extrovertie et énergique, je cherche quelqu'un qui soit prêt à sortir tous les week-ends. J'adore voir des spectacles et danser toute la nuit. En même temps, j'apprécie beaucoup le calme pendant la semaine – un peu de lecture le soir avec mon thé vert avant de me coucher. Par contre, le sport, ce n'est pas ma tasse de thé! J'ai envie de rencontrer quelqu'un avec qui partager ma vie. Trouve-moi, s'il te plaît!

Écoutez les introductions des trois garçons: Lequel serait le plus compatible avec Nachida? Pourquoi? Citez plusieurs raisons.

L'interrogation
Les questions en français

Il y a quatre formes de questions qui sont employées le plus souvent en français.
Remarquez leurs différences en ce qui concerne l'ordre des mots et le registre de langue.

Question	Registre de langue	Ordre des mots	Mode d'emploi
Où habites-tu?	soutenu	mot interrogatif > sujet > verbe (inversion)	employée à l'écrit et à l'oral
Où est-ce que tu habites?	courant	mot interrogatif > *est-ce que* > sujet > verbe	généralement employée à l'oral
Où tu habites?	familier	mot interrogatif > sujet > verbe	réservée à l'oral
Tu habites où?	familier	sujet > verbe > mot interrogatif	réservée à l'oral

La grammaticalité de la question dépend de la place de son mot interrogatif.

Modèles:

1. La question *Quand tu commences?* n'est PAS grammaticale. Le mot interrogatif *quand* ne s'emploie pas à la forme mot interrogatif-sujet-verbe.

2. Le mot interrogatif *que* devient *quoi* à la forme sujet-verbe-mot de question.
   Que fait-elle ce soir? Elle fait *quoi* ce soir?

Les francophones ont tendance à alterner ces quatre formes interrogatives selon le contexte.

---

9. **LIRE** **PARLER**

Lisez chaque question et reformulez des questions orales en utilisant deux ou trois structures différentes. Demandez à un partenaire de répondre à l'oral pour que vous appreniez ses désirs.

1. Où est-ce que vous allez pour rencontrer des gens?

2. Qu'est-ce que vous faites pour vous amuser le soir?

3. Comment est-ce que vos parents réagissent quand vous leur présentez un(e) ami(e)?

4. Quand est-ce que vous aimeriez vous marier? ou sinon, pourquoi est-ce que vous n'aimeriez pas vous marier?

5. Combien de fois est-ce que vous êtes déjà tombé amoureux (-euse)?

10. **ECRIRE**

Maintenant transformez vos questions encore une fois. Utilisez le registre soutenu, ce qui est la forme la plus appropriée au langage écrit. Écrivez vos propres réponses qui montreront vos désirs à ces sujets.

11. **PARLER**

Imaginez que vous participez à une séance de speed-dating. Inventez au moins dix questions qui vous semblent importantes à poser lorsqu'on est à la recherche de l'amour. Assurez-vous d'employer le registre de la langue orale.

12. **ECRIRE**

Écrivez les mêmes questions en employant le registre de la langue écrite.

POINT
CULTURE

Les cadenas d'amour

Les amoureux de Paris qui traversent le Pont de l'Archevêché attachent un cadenas au pont pour déclarer leur flamme et concrétiser leur coup de foudre. Si vous désirez participer à cette déclaration d'amour, le Pont de l'Archevêché se situe entre l'Île de la Cité et la rive gauche, tout près de la Cathédrale de Notre Dame.

OBJECTIF
Donner des conseils

Le Courrier du Coeur

1.  ECRIRE PARLER

Préparez-vous.

Avez-vous eu des problèmes d'amour? Lesquels? Vos amis vous ont-ils donné des conseils? Avaient-ils raison? Ecrivez vos histoires d'amour ou partagez-les avec un partenaire.

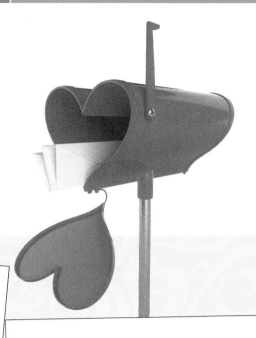

Chère Docteur Amour,

J'ai 14 ans et je ne sais jamais sortie avec quelqu'un. C'est grave? Je suis la seule à rester à la maison le samedi soir et j'en ai marre. J'ai bien été amoureuse une fois, mais il n'a pas voulu de moi. Je suis hyper timide et je ne m'habille pas aussi bien que les autres – je crois que c'est le problème. Si mes vêtements étaient plus stylés, peut-être que j'aurai plus de chance. Mais je ne sais pas par où commencer! Je suis désespérée! Que me conseillez-vous?

Prendsmamain

Chère Prendsmamain,

Ne ne dites pas qu'il vous faut des fringues pour leur plaire! Là, vous vous trompez! La vraie beauté vient de l'intérieur. Bon, si ça vous fait du bien, allez acheter deux trucs, mais ce qu'il vous faut, c'est travailler sur votre confiance. Plus vous êtes sûre de vous, plus vous aurez du succès. Adoptez la nouvelle devise, «je vaux la peine d'être aimée!» Si vous démarrez votre nouvelle vie avec cette devise, vous ne pourrez pas vous tromper. Alors, je recommande que vous vous arrêtiez de vous ronger les ongles! Et surtout ne me remerciez pas. Vous avez déjà tout pour plaire – il suffit de vous lancer!

Docteur Amour

Chère Docteur Amour,

J'ai un gros problème! Peut-être que vous ne le trouverez pas si grave, mais pour moi ça l'est! J'aime quelqu'un qui est super beau et archi gentil avec moi, mais malheureusement ma mère ne l'aime pas. Si je sors avec lui et ma mère l'apprend, elle sera en colère. Elle le trouve dangereux, ce qui n'est pas vrai à mon avis. J'essaie de lui expliquer, mais elle ne veut pas m'écouter. Qu'est-ce que je devrais faire??

Bises de Côte d'Ivoire

Larcetlaflèche

Chère Larcetlaflèche,

La première chose que je vous dirais, c'est de vous assurer qu'il vous aime vraiment, car ce serait triste de rompre la relation avec votre mère pour rien. Si sa réponse est définitive, vous n'aurez pas une minute à perdre. Je vous conseille de parler à votre mère – choisissez un moment où elle n'est pas trop trop occupée. Ensuite je vous propose de lui poser la question suivante «Maman, as-tu peur qu'il m'arrive quelque chose avec lui au point que tu ne veuilles pas que je sois heureuse?». Cette question va la faire réfléchir. Vous êtes sa fille et elle ne veut pas vous perdre. Donnez-lui le temps de réfléchir après en lui montrant que vous l'aimez aussi. Si c'est écrit dans les étoiles, vous serez ensemble. Soyez patiente – bonne chance!

Docteur Amour

Chère Docteur Amour,

Je suis en 3ème au Collège François Truffaut à Lyon, et j'ai un gros problème. A 15 ans, je ne suis jamais sorti en couple avec quelqu'un. Ce n'est pas ce fait qui me dérange, mais le souci c'est que celle dont je suis amoureux vient des Etats-Unis. Je n'ose pas dire que je suis amoureuse d'elle et en même temps j'hésite car elle va sûrement retourner aux Etats-Unis et m'oublier après. Si seulement je savais comment aborder la situation, elle dirait sans doute «oui» - je joue au foot et c'est un sport qui intéresse tout le monde, non? Pourrez-vous me rendre service en me disant comment lui parler pour la première fois? Au secours!

Battementdecoeur

Cher Battementdecoeur,

Tout d'abord, je trouve que vous êtes très jeune pour vous inquiéter tant! Si vous invitiez votre toquade pour un dîner entre copains, vous pourriez la connaître mieux. Et puis si elle vous plaît toujours, vous lui écrirez une belle lettre pour exprimer vos sentiments envers elle. Mais, je suis d'accord avec vous! Attention – le seul bémol sera son éventuel départ pour son pays et qu'est-ce que ça vous fera? A votre place, je verrais si ça vaut le coup avant d'y aller à fond.

Docteur Amour

P.S. Tout à fait! Qui n'aime pas le foot?!

2.  LIRE · ECRIRE · PARLER

Résumez les problèmes qui sont présentés à Docteur Amour dans les trois lettres.

lettre	auteur	problème
1	prendsmamain	
2	battementdecoeur	
3	larcetlaflèche	

3. ECRIRE

En lisant les passages, pouvez-vous identifier les filles et les garçons? Quels sont les mots qui les identifient dans les lettres?

lettre	auteur	fille ou garçon?	mots indicateurs
1	prendsmamain		
2	battementdecoeur		
3	larcetlaflèche		

4. ECRIRE · PARLER

Expliquez le sens des trois pseudonymes utilisés par les auteurs des lettres. Que veulent-ils dire? Pourquoi sont-ils appropriés?

1. prendsmamain

2. battementdecoeur

3. larcetlaflèche

4. Quel pseudonyme choisiriez-vous et pourquoi?

5. LIRE · ECRIRE

Les mots d'amour – Trouvez du vocabulaire d'amour dans les lettres et ailleurs dans le chapitre.
Définissez ou trouvez un synonyme pour chacun.

Modèle: la flamme = synonyme pour l'amour

Quelques expressions utiles pour les conseils

partager son opinion	être d'accord	ne pas être d'accord
je pense que … je crois que … à mon avis … je trouve que … je considère que … il me semble que … je suis convaincu(e) que … je suis persuadé(e) que … je recommande que … (+subj) à ta place / à votre place, je … (+cond) je vous conseille de … (+inf) tous ces facteurs semblent indiquer que … (+indicatif) si tu/vous … (+imparfait)	je suis d'accord je partage ton/votre point de vue tout à fait! je vois ce que tu veux (vous voulez) dire je te/vous concède que …, mais …	je crois que là tu te trompes (vous vous trompez) je ne suis pas (tout à fait) d'accord au contraire par contre tu vas/vous allez trop loin en disant que tu as/vous avez tort de croire que … il est inexact de dire que …

6.  **ECRIRE**

En lisant les réponses de Docteur Amour, Pouvez-vous identifier ses conseils? Quels sont les mots et les expressions qui les identifient?

lettre	auteur	les conseils donnés par Docteur Amour
1	prendsmamain	
2	battementdecoeur	
3	larcetlaflèche	

7. **ECRIRE** **PARLER**

Etes-vous d'accord avec les conseils donnés? Pourquoi ou pourquoi pas?

Ecrire une lettre personnelle

Vous avez lu les conseils de Docteur Amour pour Battementdecoeur – c'est le pseudo d'Arnaud! Il a décidé de suivre ses conseils en écrivant une lettre à Maddi, mais il ne sait pas par où commencer. Il demande à Haylie de lui donner des conseils pour la lettre.

Chère Haylie,

Je viens de rencontrer une jolie américaine à l'école. Elle vient de Caroline du Sud. Elle s'appelle Maddi, peut-être que tu la connais? Nous sommes partenaires de laboratoire en biologie et elle est toute mignonne. Je sais qu'elle aime les films de Scorsese et il y a un festival de films à Grenoble le week-end prochain. Si je lui demande d'y aller avec moi? Qu'est-ce que tu en penses? Je vais lui écrire une lettre et la lui donner en cours. Je ne sais pas si elle va vouloir sortir avec moi, mais je veux qu'elle me dise «oui!». J'ai besoin de ton aide pour la lettre. As-tu des conseils à partager?

Bises,
Arnaud

Cher Arnaud,

Salut, mon ami! Oh là là, une fille américaine??! Il faut que tu saches que mon pays est énorme, et non, je ne la connais pas. ;) Aux États-Unis, généralement c'est le garçon qui demande à la fille de sortir – et face à face, pas dans une lettre! Il vaut mieux que tu lui poses des questions au sujet de ses films préférés et ça te donnera l'occasion de l'inviter. Si elle te dit oui, tu l'observeras pendant votre sortie. Essaie de lui payer son billet, mais si elle ne te laisse pas payer, ce n'est pas un mauvais signe, car les Américains partagent souvent les frais quand ils sortent. Si elle te donne un câlin, ça ne veut pas forcément dire qu'elle t'aime. Les Américains donnent des câlins à tout le monde! Tu es beau, intelligent et marrant. Elle acceptera ton invitation, j'en suis certaine. Attends pour écrire ta lettre. Et surtout, tiens-moi au courant!

Bisous,
Haylie

1. **LIRE** **ECRIRE**

Quelle est la distinction entre une lettre officielle et une lettre personnelle?

L'échange entre Haylie et Arnaud est-il plutôt officiel ou personnel? Expliquez les éléments de leur communication qui le prouvent.

POINT GRAMMAIRE

Les pronoms d'objet direct et indirect

les pronoms d'objet direct				les pronoms d'objet indirect		
	singulier	pluriel			singulier	pluriel
1ère personne	me (m')	nous		1ère personne	me (m')	nous
2ème personne	te (t')	vous		2ème personne	te (t')	vous
3ème personne	**le (l')** **la (l')**	**les**		3ème personne	**lui**	**leur**

ASTUCE! Remarquez que la seule différence entre les deux est la forme de la 3ème personne (singulier et pluriel).

ASTUCE! Les pronoms d'object direct *le*, *la*, et *les* peuvent remplacer des choses OU des personnes. Tous les autres pronoms (directs et indirects) remplacent les personnes.

C'est le verbe qui détermine si on emploie un pronom d'objet direct ou indirect. Les verbes qui sont suivis par la préposition *à* + *une personne* prennent un pronom d'objet indirect. Si le verbe ne prend pas de préposition, on emploie le pronom d'object direct.

Exemples:

Je plais à mes parents. > Je leur plais.
[*plaire à quelqu'un* prend un pronom d'objet indirect]
Il parle à son ami. > Il lui parle.
[*parler à quelqu'un* prend un pronom d'objet indirect]
Elle adore les chiens. > Elle les adore.
[*adorer* prend un pronom d'objet direct]
Nous ne connaissons pas cette fille. > Nous ne la connaissons pas. [*connaître* prend un pronom d'objet direct]

direct

regarder quelqu'un/quelque chose
aimer quelqu'un/quelque chose
détester quelqu'un/quelque chose
voir quelqu'un/quelque chose

direct et indirect

demander quelque chose à quelqu'un
expliquer quelque chose à quelqu'un
dire quelque chose à quelqu'un

indirect

parler à quelqu'un
plaire à quelqu'un
répondre à quelqu'un

2. **LIRE**  **ECRIRE**

Relisez les messages de Haylie et d'Arnaud à la page précédente. Identifiez et réécrivez cinq phrases où vous voyez un pronom d'objet direct ou indirect et soulignez le pronom. Si la phrase est à la 3ème personne, réécrivez la phrase une deuxième fois sans le pronom et avec le mot auquel le pronom se réfère. Si la phrase n'est pas à la 3ème personne, il ne faut pas réécrire la phrase.

Modèle: Si je lui demande d'y aller ensemble? (dans le message d'Arnaud)

Si je demande à Maddi d'y aller ensemble?

Si elle te dit oui... (dans le message de Haylie)

3. **LIRE** **PARLER**

Refaites l'exercice précédent à l'oral avec les lettres de Docteur Amour.

4. **LIRE** **PARLER**

Lisez l'invitation de mariage d'Arnaud (il rêve!). Identifiez le pronom d'objet direct ou indirect sur l'invitation. Puis partagez votre avis sur le mariage d'Arnaud avec un partenaire.

ANNE ET FRÉDÉRIC MONET   SUSAN ET RICHARD ANDERSON
13, RUE DE L'ALMA   2670 ORCHARD HILL LANE
69001 LYON   CHARLESTON, SC 29412
FRANCE   ÉTATS-UNIS

NOUS VOUS INVITONS AU MARIAGE
DE NOS ENFANTS

Arnaud ET *Caroline*

QUI AURA LIEU

LE 24 AOÛT 2024

À 17H30

À LA MAIRIE DU 1ER ARRONDISSEMENT DE LYON

RÉCEPTION ET SOIRÉE DANSANTE
IMMÉDIATEMENT APRÈS LA CÉRÉMONIE
AU RESTAURANT L'AIGLE D'OR

VOTRE RÉPONSE EST SOUHAITÉE AVANT LE 1ER AOÛT 2024

5. **LIRE** **ECRIRE**

Remplacez les mots soulignés par le pronom d'objet direct ou indirect qui convient.

Modèle: Les femmes adorent les fleurs.

Les femmes les adorent.

1. Elle écrit le message romantique.
2. Tu regardes ton ami droit dans les yeux.
3. Le garçon plaît à toutes les filles.
4. On ne déteste jamais l'amour.
5. Le garçon demande à la fille.

6. **LIRE** **ECRIRE**

Répondez aux questions par une phrase complète et le(s) pronom(s) d'object direct ou indirect qui convient.

1. Chéri, tu m'aimes?
2. Ai-je déjà dit que je t'aime?
3. Vous, les garçons, vous nous regardez?
4. Nous vous tentons avec ces bonbons au chocolat?

7. **LIRE**  **ECOUTER**

Pensez aux couples célèbres de l'histoire: Romeo et Juliette, Napoléon et Joséphine, Abélard et Héloïse...Lisez la lettre d'amour ci-contre que Joséphine aurait pu écrire à Napoléon.

«Amour rime avec toujours, aimer rime avec éternité, et toi rime avec moi.»

«Avec un ami à ses côtés, aucune route ne semble trop longue.»

Mon très cher Napoléon,

Mon amour, tu me manques infiniment. Je ne fais que penser à toi jour et nuit. Quand reviendras-tu me voir? Mon coeur t'appelle – tu l'entends? Il devient de plus en plus impatient, mais sera ravi à ton retour. Je suis la plus amoureuse des amoureuses – ne l'oublie pas et ne m'oublie pas. Reviens vite me voir. Tu es mon amour, tu ES l'amour. Je t'aime tellement. Je t'aime à la folie.

Je t'embrasse très fort,
Joséphine

8. **ECRIRE**

Choisissez l'une des deux activités.

1. Avez-vous un très bon ami/bonne amie? Écrivez deux lettres d'amitié, la lettre que vous envoyez et, ensuite, la réponse de la personne sous forme de lettre personnelle. Employez plusieurs pronoms d'objet direct ou indirect.

2. Êtes-vous amoureux(-euse) de quelqu'un? Écrivez deux lettres d'amour, la lettre que vous envoyez et, ensuite, la réponse de la personne sous forme de lettre personnelle. Employez plusieurs pronoms d'objet direct ou indirect.

Pour commencer une lettre personnelle	Pour terminer une lettre personnelle	
Cher Julien	Chaleureusement	Je t'embrasse
Chère Noémie	Bien amicalement	Je t'embrasse très fort
Chers Luc et Marine	Amitiés	Grosses bises
Ma très chère Lise	Bien des choses à tous	Bises
	Bien à toi	Bisous
	À bientôt	Biz (langue de texto)

«C'est dans la flamme de tes yeux que brûle mon avenir.»

Préparez-vous pour l'examen

TIPS AND TRICKS CHECKLIST

Chapter	Tip	Trick
0	Pre-read	Pre-read title and introduction to make predictions
	Overcome unknown vocabulary	Use prefixes and suffixes
		Look for familiar etymology
		Read every day
	Read quickly	Identify the 5 Ws
4	Read critically	Identify the register

TIP: READ CRITICALLY

Trick: Identify the 5 Ws

Just like in elementary school, you'll need to identify the 5 Ws: Who, What, Where, When and Why. This will help you eliminate the unimportant information in the story. Always underline these elements so you can organize the information in your head.

WHO	
WHAT	
WHEN	
WHERE	
WHY	

Trick: Identify the register

Typically there is a question about the best response to the passage. This question is measuring your mastery of register. Register is the formality of your response. Register can be slang, casual or formal. You will always respond to a passage with the same register that is used within the passage. Let's look at some examples:

SLANG: Yo, sup? Wanna catch a flick?

CASUAL: Hey, do you want to go to the movies?

FORMAL: Would you kindly consider accompanying me to the cinema?

LIRE

C'est à vous

OPTION 1: Complete the task.

OPTION 2: Identify the 5 Ws and the register in the passage.

The following text is accompanied by a number of questions. For each question, choose the response that is best according to the selection.	La sélection suivante est accompagnée de plusieurs questions. Pour chaque question, choisissez la meilleure réponse selon la sélection.

Introduction : La sélection suivante est une lettre d'amour écrite par lame-de-geisha (son pseudonyme) pour son blog sur Skyrock.com. La lettre parle de la matinée d'un couple à la maison.

> *Mon amour,*
>
> *Je te regarde dormir, et j'aimerais que cet instant dure toujours. Tu dois rêver, ... sûrement ... Un léger frisson parcourt ta nuque, je ne peux résister. J'effleure ton cou de mes lèvres. Une trace rouge sang fleurit sur ta peau, tu vas encore m'en vouloir.*
>
> **Ligne**
> **5**   *J'ai peur de te réveiller, alors je m'en vais préparer le petit déjeuner. Enfoui parmi les draps tu me murmures un «ne me laisse pas ... ». Je me contente de sourire, un dernier regard et je m'arrache à ma contemplation.*
>
> *Tu sais, parfois je me lève le matin, en me disant que la même journée commence sans relâche, morne et grise. Je me sens lasse, et pourtant, en regardant le ciel, accoudée au balcon, je sais que je donnerais tout pour que la vie ne change pas, que tu restes là, à dormir, et moi d'observer, que le ciel, témoin de notre existence éphémère, continue de veiller*
> **10**   *sur nous.*
>
> *Je me perds dans mes métaphores à l'eau de rose, et je pense que je suis en retard ... je te laisse, à ce soir ... peut-être ...*
>
> *P.S. Je crois bien que je t'aime ...*

1. Pour quelle raison le document a-t-il été écrit?

 a. pour que l'auteur exprime ses sentiments

 b. pour donner des conseils à son compagnon

 c. pour expliquer la situation au lecteur

 d. pour dire ce que l'auteur va faire de sa journée

2. Dans cet article, quel est le ton de l'auteur?

 a. ludique

 b. persuasif

 c. pensif

 d. comique

3. Que veut dire la métaphore «Une trace rouge sang fleurit sur ta peau»?

 a. Il y a une fleur qui pousse chez eux.

 b. Il y a une trace de rouge à lèvres qu'elle a laissée.

 c. Il saigne car il s'était fait mal.

 d. Il dessine avec un crayon de couleur rouge.

4. Qu'est-ce que l'auteur contemple de son balcon?

 a. son petit déjeuner ce matin

 b. le sourire de son compagnon

 c. les roses sur le balcon

 d. sa vie en couple

5. Imaginez que vous allez répondre à l'auteur. Comment devriez-vous formuler votre réponse?

 a. Cher Monsieur, pourquoi m'avez-vous regardée?

 b. Coucou! Je t'aime chérie...à plus!

 c. T'es comme un ange qui me regarde. Je crois que je t'aime aussi.

 d. Vous n'êtes pas en retard, allez chercher le journal et du café.

TIPS AND TRICKS CHECKLIST

Chapter	Tip	Trick
0	Pre-read	Pre-read title and introduction to make predictions
	Find your purpose	Read questions ahead of time
4	Connect the passage to the purpose	Underline key sentences
		Take detailed notes on the audio
		Visualize
	Be a better listener	

TIP: CONNECT THE PASSAGE TO THE PURPOSE

Trick: Underline key sentences

You found your purpose when you read the questions. Now it is time to connect the passage to those questions. As you are reading, underline sentences and vocabulary that are related to the questions. You will not have time to re-read the entire passage, so underlining will help you quickly locate answers within the passage.

Trick: Take notes for the audio selection on the questions page

Many students dread the listening section, but you can conquer it! Taking notes is very important, but no one can write down word for word what they hear. Instead, visualize main events, characters, and settings. Close your eyes and imagine you can see the person who is speaking. Only write down notes that will help you answer the questions.

TIP: BE A BETTER LISTENER

Trick: Visualize

Many students dread the listening section, but you can conquer it! Taking notes is very important, but no one can write down word for word what they hear. Instead, visualize main events, characters, and settings. Close your eyes and imagine you can see the person who is speaking. Only write down notes that will help you answer the questions.

C'est à vous

OPTION 1: Complete the task.

OPTION 2: Pre-read the title and questions, read the passage while underlining key sentences. Visualize during the audio selection and take notes.

<table>
<tr>
<td>

You will read a passage and listen to an audio selection. For the reading selection, you will have a designated amount of time to read it. For the audio selection, first you will have a designated amount of time to read a preview of the selection as well as to skim the questions that you will be asked. The selection will be played twice. After listening to the selection the first time, you will have 1 minute to begin answering the questions; after listening to the selection the second time, you will have 15 seconds per question to finish answering the questions. For each question, choose the response that is best according to the audio and/or reading selection and mark your answer on your answer sheet.

</td>
<td>

Vous allez lire un passage et écouter une sélection audio. Pour la lecture, vous aurez un temps déterminé pour la lire. Pour la sélection audio, vous aurez d'abord un temps déterminé pour lire une introduction et pour parcourir les questions qui vous seront posées. La sélection sera présentée deux fois. Après avoir écouté la sélection une première fois, vous aurez 1 minute pour commencer à répondre aux questions; après avoir écouté la sélection une deuxième fois, vous aurez 15 secondes par question pour finir de répondre aux questions. Pour chaque question, choisissez la meilleure réponse selon la sélection audio ou la lecture et indiquez votre réponse sur votre feuille de réponse.

</td>
</tr>
</table>

Source 1:

Introduction: Dans cette sélection il s'agit de la fête de la Saint-Valentin au Liban. L'article original, dont nous vous présentons quelques extraits, a été publié sur globalvoicesonline.org par Antoun Issa le 15 février 2009.

La Saint-Valentin pour le mariage civil

De nouveaux appels à ce que le Liban autorise le mariage civil ont été lancés lors d'une fête de la Saint-Valentin dans un bar de Beyrouth ce week-end.

Ligne

5

Plusieurs couples interreligieux ont mis en scène des simulacres de mariage dans un bar du quartier à la mode de Gammayze à Beyrouth, pour protester contre la législation rigide du mariage dans ce pays.

Dans l'état actuel des choses, le mariage de couples interreligieux n'est reconnu que s'il n'a pas eu lieu sur le territoire libanais. Dans un pays de nombreuses religions, ceci met dans une situation délicate beaucoup de couples de confessions différentes.

10

Cette manifestation est un élément d'une campagne générale dans le pays pour remplacer la domination religieuse et sectaire étouffante exercée sur les institutions politiques libanaises par un système laïc et égalitaire.

La cérémonie de la Saint-Valentin n'a suivi que de quelques jours la déclaration du ministre de L'Intérieur Ziad Baroud, affirmant que les citoyens peuvent désormais faire supprimer leur appartenance religieuse de leur carte d'identité s'ils le souhaitent.

15

Cette action a été applaudie par de nombreux blogueurs libanais, bien que d'autres soient restés sceptiques.

Source 2: Sélection Audio

Introduction: Dans cette sélection il s'agit également de la fête de la Saint-Valentin.
Cet extrait audio s'intitule *Emma Daumas - Interview St. Valentin* et a été diffusé sur www.lci.fr (© WAT TV).

1. Quel est le sujet du passage?

    a. la violence dans un bar le 14 février au Liban

    b. une protestation contre une législation

    c. une fête joyeuse de Saint-Valentin

    d. une cérémonie religieuse à Beyrouth

2. Le passage audio indique que la fête de la Saint-Valentin

    a. devient de plus en plus populaire

    b. est la pire des fêtes

    c. a un sens différent pour chaque personne

    d. existe pour vendre des fleurs

3. Dans le passage, qu'est-ce que la phrase «le mariage de couples interreligieux n'est reconnu que s'il n'a pas eu lieu sur le territoire libanais»
veut dire?

    a. aucun mariage interreligieux n'est accepté au Liban

    b. tout mariage doit se faire sur le territoire libanais pour être reconnu

    c. les mariages interreligieux au Liban sont reconnus s'ils sont faits ailleurs

    d. les mariages interreligieux sont reconnus par le gouvernement libanais

4. La sélection audio a pour but de/d'

    a. faire pleurer

    b. vendre des produits

    c. instruire

    d. distraire les auditeurs

5. Quel est le ton du passage écrit?

    a. sérieux

    b. humoristique

    c. gai

    d. festif

TIPS AND TRICKS CHECKLIST

Chapter | **Tip**

0 — Identify the register
Begin and end well

4 — Use your time wisely

Trick

Choose *tu* or *vous*
Practice your introductions
Practice your closing

Block your time

TIP: USE YOUR TIME WISELY

Trick: Block your time

Your response should be about 150 words in length. In order to complete the task, you will have to manage your time well. A good rule of thumb is to give yourself 3 minutes to read, 10 minutes to write, and 2 minutes to revise. The last two minutes are often overlooked by students, but it is crucial to review your work including verb conjugations, adjective agreement, and spelling.

 LIRE ECRIRE

Practice reading the prompt in three minutes or less.
C'est à vous

OPTION 1: Complete the task.

OPTION 2: Attempt to complete the task within the timeline outlined. Be sure to save the last two minutes for revisions.

You will write a reply to an e-mail message. You have 15 minutes to read the message and write your reply. Your reply should include a greeting and a closing and should respond to all the questions and requests in the message. In your reply, you should also ask for more details about something mentioned in the message. Also, you should use a formal form of address.

Vous allez écrire une réponse à un message électronique. Vous aurez 15 minutes pour lire le message et écrire votre réponse. Votre réponse devrait débuter par une salutation et terminer par une formule de politesse. Vous devriez répondre à toutes les questions et demandes du message. Dans votre réponse, vous devriez demander des détails à propos de quelque chose mentionnée dans le texte. Vous devriez également utiliser un registre de langue soutenue.

Introduction: C'est un message électronique de Flore Lacolombe, Présidente, Association Amideplume à Basse Terre, en Guadeloupe. Vous recevez ce message parce que vous avez contacté l'association pour demander des informations concernant un ami de plume francophone à l'étranger.

De: florelacolombe@amideplume.gq
Objet: demande d'informations

Basse Terre, le 2 septembre 2013

Mademoiselle, Monsieur,

Je vous remercie de votre demande auprès de notre association concernant un(e) correspondant(e) francophone. Nous sommes ravis que vous compreniez la valeur d'une amitié à l'étranger. Basés en Guadeloupe, nous pouvons vous proposer un(e) correspondant(e) qui puisse vous écrire en français et vous montrer d'autres horizons en partageant notre pays avec vous à travers un échange de conversation sur Internet. Nous vous demandons de répondre à ce message en nous communiquant les informations suivantes afin que nous puissions vous mettre en avec un(e) correspondant(e) compatible.

Veuillez nous indiquer:
- d'où vous venez
- pourquoi vous désirez un(e) correspondant(e)
- si vous préférez un correspondant ou plutôt une correspondante
- combien de fois par mois vous comptez écrire
- quelques traits importants de votre personnalité
- ce que vous avez à offrir à un(e) correspondant(e)

Une fois que nous avons ces informations, nous vous communiquerons le nom et l'adresse électronique de votre correspondant(e). Si jamais il y a un problème qui se pose, n'hésitez pas à contacter l'Association amideplume.

Je vous prie d'agréer, Madame/Monsieur, l'expression de mes sentiments les meilleurs.

Cordialement,

Flore Lacolombe
Présidente, Association amideplume

Presentational Writing: Persuasive Essay

TIPS AND TRICKS CHECKLIST

Chapter	Tip	Trick
0	Make a personal connection to the topic	Give a personal example in the first paragraph
	Find your purpose	Use *on* in formal writing
4	Use your time wisely	Block your time
	Understand the sources	Underline citable sections in the reading
		Take notes while listening

Trick: Block your time

With approximately 55 minutes to complete this task, it is important to break down each step so you are sure to complete everything. The directions state that you have 6 minutes to read the printed materials. This includes the topic, the introductions for all three sources and the text of source 1. You are going to need to read QUICKLY. Start with the topic and the introductions because you want to be as prepared as possible when the audio begins to play. If you are reading the passage when the audio begins, do not panic. The text will still be there when the audio is over! The audio will play twice (you'll be taking notes, but we'll cover that later) and it should take about 10 minutes. This, of course, depends on the length of the audio. Once the audio ends you have 40 minutes to produce your essay. In reality, you only have 35 minutes to write because every good writer knows it is smart to have 5 minutes at the end for revisions. You absolutely must read your essay after you write it.

TIP: UNDERSTAND THE SOURCES

Trick: Take notes while listening

The audio is played twice, and only twice. You've got two chances to absorb a lot of information, so note taking is crucial. Numbers and statistics are always difficult to process quickly, but data can help justify your opinion. Be sure to focus on identifying the numbers in the audio and write them down. Also avoid full sentences. Instead use verbs, nouns and small pictures. Visualizing the audio in your mind will help you remember anything you do not get down on paper. Every time you do listening in class this year, take notes. This is an art, and you will become better and better with each attempt.

Trick: Underline citable sections in the reading

In the 6 minute window before the audio, as well as the first few minutes of your 35 minute writing block, be sure to mark up the reading passage. You do not have time to go searching in the passage for something you've already read. Instead, underline important words, draw arrows to sentences and make notes in the margins (in English or French). Remember, these notes are not graded.

C'est à vous

OPTION 1: Complete the task.

OPTION 2: Practice reading the printed materials in six minutes. Then, identify citable points in the text and the audio. Finally, provide your own opinion.

You will write a persuasive essay to submit to a French writing contest. The essay topic is based on three accompanying sources, which present different viewpoints on the topic and include both print and audio material. First, you will have 6 minutes to read the essay topic and the printed material. Afterward, you will hear the audio material twice; you should take notes while you listen. Then, you will have 40 minutes to prepare and write your essay. In your persuasive essay, you should present the sources' different viewpoints on the topic and also clearly indicate your own viewpoint and defend it thoroughly. Use information from all of the sources to support your essay. As you refer to the sources, identify them appropriately. Also, organize your essay into clear paragraphs.

Vous allez écrire un essai persuasif pour un concours d'écriture de langue française. Le sujet de l'essai est basé sur trois sources ci-jointes, qui présentent des points de vue différents sur le sujet et qui comprennent à la fois du matériel audio et imprimé. Vous aurez d'abord 6 minutes pour lire le sujet de l'essai et le matériel imprimé. Ensuite, vous écouterez l'audio deux fois; vous devriez prendre des notes pendant que vous écoutez. Enfin, vous aurez 40 minutes pour préparer et écrire votre essai. Dans votre essai, vous devriez présenter les points de vue différents des sources sur le sujet et aussi indiquer clairement votre propre point de vue que vous défendrez à fond. Utilisez les renseignements fournis par toutes les sources pour soutenir votre essai. Quand vous ferez référence aux sources, identifiez-les de façon appropriée. Organisez aussi votre essai en paragraphes bien distincts.

Vous aurez 6 minutes pour lire le sujet de l'essai, la source numéro 1 et la source numéro 2.

Sujet de la composition:

Le choix d'un époux ou d'une épouse joue-t-il un rôle important dans le bonheur éventuel du couple?

Source 1:
Introduction

La sélection suivante vient de la Revue Terrain, une publication du Ministère de la Culture et de la Communication en France. L'article, dont nous vous présentons des extraits, a été publié en septembre 1996 par Kate Gavron.

Du mariage arrangé au mariage d'amour

«Aujourd'hui les filles, les jeunes, elles aimeraient beaucoup pouvoir choisir elles-mêmes leur mari, je pense que ça leur tient vraiment à coeur. C'est peut-être le système qui les influence, ou autre chose, mais en tout cas c'est quelque chose qu'elles aimeraient vraiment pouvoir faire, et c'est le problème qu'elles ont chez elles. Mais je crois que ce sont les familles qui reconnaissent que leurs enfants, leurs jeunes, veulent choisir eux-mêmes leurs époux, que ce sont ces familles qui sont assez intelligentes pour parler à leurs enfants et qui leur disent : «Bon, on va aller au Bangladesh et vous pourrez choisir», ou qui les font participer au choix de quelqu'un, ce sont ces familles-là qui arrivent encore à garder leurs enfants. Mais celles qui ont tendance à ne pas communiquer avec eux, qui n'ont pas l'air de trouver des solutions, moi je pense que ce sont celles qui perdent leurs enfants» (jeune femme de 23 ans)(p. 1-2).

Ligne
5

(continued next page)

Source 1 (continued):

10 Ce sont généralement les parents qui trouvent et choisissent les époux de leurs enfants, qu'ils soient garçons ou filles. Habituellement, les futurs mariés ne sont autorisés à se rencontrer qu'une fois un accord passé entre leurs parents. Ils se verront parfois officiellement une ou deux fois, leurs frères et soeurs faisant alors office de chaperons, mais dans tous les cas, ils n'auront eu que très peu d'occasions d'apprendre à se connaître avant la cérémonie du mariage.

15 Quel que soit le discours tenu sur la possibilité de refuser de se marier, cela est difficile en réalité car les parties considèrent que la question du mariage est réglée avant même que le couple se soit rencontré (p. 10).

«Bon, elle n'était pas obligée, mais d'une certaine manière, elle était forcée de dire oui. Vous savez comment c'est, avec le mariage ? Si vos parents sont contents, s'ils aiment bien leur futur gendre, alors ils vous demandent, parce que ma soeur, elle avait le choix. En fait, c'est pas tout à fait vrai, ils lui ont dit : «Tu
20 veux te marier avec lui?» Ils lui ont montré sa photo et tout, et elle ne savait pas quoi faire, elle avait dans l'idée d'aller un peu plus loin. Et puis, parce que tous les autres étaient vraiment contents de ce mariage, enfin, mon père s'en fichait un peu, ça ne lui aurait rien fait si elle avait dit non, mais c'était ma mère et mes oncles, ils voulaient qu'elle se marie. Et elle se disait : «Si je dis non, ma mère va peut-être penser qu'il y a quelque chose, que j'ai un petit ami, ou un truc comme ça». Alors elle a dit oui. Et après ça, ils ont fait
25 ce...il est venu, et on a fait ce... ça s'appelle un sinifan, c'et quand les futurs mariés se rencontrent avant les fiançailles, et qu'ils peuvent se parler. Alors elle ne lui a parlé que pendant une heure – qu'est-ce qu'on peut savoir en une heure ? C'était un mariage arrangé». (fille de 17 ans)(p. 11)

Il semble qu'il y ait un mouvement général, provoqué par les jeunes eux-mêmes, hommes et femmes, vers une plus grande participation dans le choix de leur conjoint. Ils pensent que c'est inévitable. Il
30 est cependant intéressant de noter que presque toutes les jeunes femmes rencontrées qui participaient activement au choix de leur mari étaient aussi pragmatiques et exigeantes que l'auraient été leurs parents pour elles. En conclusion, je voudrais suggérer que, pour la majorité des jeunes Bengali et leurs parents, la tête gouverne le coeur quand il faut faire un choix, et le coeur est conquis après le mariage quand les couples construisent leurs rapports. (p. 21)

Source 2: Sélection Audio
Introduction

La sélection audio suivante présente les avis du fondateur de Net Dating Assistant, Vincent Fabre. Net Dating Assistant est un site de rencontres qui se trouve sur http://frenchweb.fr/saint-valentin-netdatingassistant-coach-drague-en-ligne-60737/47976. L'entretien a eu lieu le 14 février 2012.

Source 3:
Introduction

Dans cette sélection il s'agit du nombre de mariages et de divorces en Belgique. Les statistiques originales ont été publiées en 2011 par EuroStat.

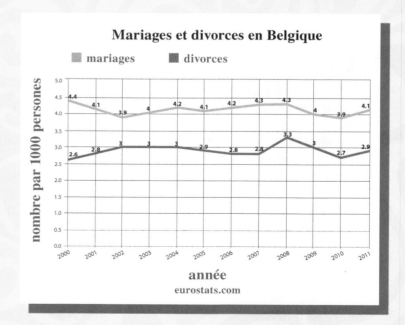

Mariages et divorces en Belgique

mariages   divorces

eurostats.com

Interpersonal Speaking: Conversation

TIPS AND TRICKS CHECKLIST

Chapter	Tip	Trick
0	Identify the register	Choose *tu* or *vous*
	Begin and end well	Practice your introductions
		Practice your closing
4	Read the outline well	Underline the type of response
		Determine if your response will be affirmative or negative

Trick: Underline the type of response

In every conversation there is an intended type of response. The AP exam actually tells you what to say! Don't overlook this in the outline. It will state something like: ask, accept, decline, invite, refuse, suggest, express, etc. Be sure to underline this so you provide the correct type of response. If not, you will automatically receive a 2 on this task due to partial completion.

Trick: Determine if your response will be affirmative or negative

As you're reading the outline, write down a big plus or minus sign next to responses that have to be affirmative or negative. This will help you remember during the actual task. For example: «Déclinez son invitation et proposez une alternative.» You would write a minus sign, or NO next to that response. You should have some go-to phrases for both types of responses.

 ECRIRE

Below are a few go-to phrases to help you respond to both positive and negative prompts. Add your favorite phrases to the list, and then share your ideas with the class.

AFFIRMATIVE	NEGATIVE
Félicitations	C'est dommage
Je suis contente pour toi	Ne t'inquiète pas
Quelle surprise	Je ne suis pas d'accord

C'est à vous

OPTION 1: Complete the task.

OPTION 2: Read the outline and be prepared to respond affirmatively and/or negatively as indicated.

You will participate in a conversation. First, you will have 1 minute to read a preview of the conversation, including an outline of each turn in the conversation. Afterward, the conversation will begin, following the outline. Each time it is your turn to speak, you will have 20 seconds to record your response. You should participate in the conversation as fully and appropriately as possible.	Vous allez participer à une conversation. D'abord, vous aurez une minute pour lire une introduction à cette conversation qui comprend le schéma des échanges. Ensuite, la conversation commencera, suivant le schéma. Quand ce sera à vous de parler, vous aurez 20 secondes pour enregistrer votre réponse. Vous devriez participer à la conversation de façon aussi complète et appropriée que possible.

Introduction

Vous parlez au téléphone avec un copain afin d'organiser une surprise-partie pour votre amie en commun.

Copain	• Il vous salue.
Vous	• Identifiez-vous. Expliquez ce que vous proposez faire.
Copain	• Il répond à l'affirmative et vous posez une question au sujet de l'endroit pour la fête.
Vous	• Expliquez où se trouve l'endroit que vous proposez et demandez ce qu'il en pense.
Copain	• Il vous demande l'heure de la fête et s'il peut vous aider avec les préparatifs.
Vous	• Dites-lui l'heure que vous proposez et donnez-lui deux choses à faire pour vous aider.
Copain	• Il accepte et demande si vous pouvez vous voir avant l'évènement pour faire le point.
Vous	• Assurez-le que vous l'appellerez la semaine prochaine et dites-lui deux choses que vous comptez faire comme préparatifs.
Copain	• Il vous remercie d'avoir eu l'idée et reconfirme ce qu'il fera.
Vous	• Exprimez vos sentiments au sujet de la soirée à venir et dites au revoir.

Presentational Speaking: Cultural Comparison

TIPS AND TRICKS CHECKLIST

Chapter	Tip	Trick
0	Find the appropriate register	Stay formal
4	Start well	Address your audience and announce the topic
		Know the directions
	Manage your time	Provide a summary statement
	Close well	

TIP: START WELL

Trick: Address your audience and announce the topic

Identify the audience in the instructions to decide on how to address them in your opening. To address a class of your peers, you should say *mes camarades* or *mes amis*, whereas a more formal audience would require *mesdames et messieurs*. Once you have addressed your audience, you'll want to announce the topic of your speech. Below are a few go-to phrases to help you get started.

- *Je voudrais vous parler de l'attitude des gens dans ma région envers...*
- *Aujourd'hui, je vais discuter de l'importance de...*
- *Je vais commencer par l'analyse de... Ensuite, je vais contraster mes observations avec...*

TIP: MANAGE YOUR TIME

Trick: Know the directions

The exam allows 4 minutes to read the prompt and prepare a 2 minute speech. You will have one minute to read the instructions and four minutes to prepare your presentation. The instructions don't change, so consider this a 1-minute brainstorming session. Write your outline skeleton (see strategy in next chapter) and jot down any vocabulary that might be helpful. In the remaining four minutes, fill in your outline.

TIP: CLOSE WELL

Trick: Provide a summary statement

Every good speech has a solid closing statement, but you don't need fancy language to include this. Stick with a simple phrase such as:

- Donc
- On voit que...
- Pour finir
- En somme
- Pour conclure

C'est à vous

OPTION 1: Complete the task.

OPTION 2: Write a solid introduction and closing for your speech.

<table>
<tr>
<td>

You will make an oral presentation on a specific topic to your class. You will have 4 minutes to read the presentation topic and prepare your presentation. Then you will have 2 minutes to record your presentation. In your presentation, compare your own community to an area of the French speaking world with which you are familiar. You should demonstrate your understanding of cultural features of the French-speaking world. You should also organize your presentation clearly.

</td>
<td>

Vous allez faire un exposé pour votre classe sur un sujet spécifique. Vous aurez 4 minutes pour lire le sujet de présentation et préparer votre exposé. Vous aurez alors 2 minutes pour l'enregistrer. Dans votre exposé, comparez votre propre communauté à une région du monde francophone que vous connaissez. Vous devriez montrer votre compréhension des facettes culturelles du monde francophone. Vous devriez aussi organiser clairement votre exposé.

</td>
</tr>
</table>

Sujet de la composition:

Décrivez les façons d'exprimer ses sentiments, son amitié, ou son amour aux États-Unis. Comparez-les à celles du monde francophone.

CHAPITRE 5

Suivez le rythme du 21ᵉ siècle

télécharger · toucher · effacer · courriel · prise · envoyer · allumer · technologie · clavier · réseau · cliquer · icône · internaute · émoticône · cyber · pièce jointe · arobase · texto · tableau blanc · ordi · souris · corbeille · sauv · touch · tablette numérique · éteindre · appli · supprimer · mail · document · synchroniser · s'abonner · cliq · pave tactile · brouillon · SMS · glisser · arder · logiciel · écran tactile · portable · marche · intern

Faut *jongler* avec des *tâches*

OBJECTIF

Expliquer les étapes vers un objectif

 ECOUTER   LIRE

Béatrice – Allô, Arnaud? C'est Tante Béa à l'appareil.

Arnaud – Bonjour, Tata Béa! Ça va?

Béatrice – Oui, ça va très bien! Devine ce que je viens d'acheter…

Arnaud – Enfin – tu as acheté la voiture que tu regardais! Je t'ai dit qu'il était essentiel que tu prennes une nouvelle voiture avant l'hiver.

Béa – Mais, non! J'ai acheté un smartphone! T'inquiète pas, j'ai toujours mon téléphone fixe au cas où, mais n'es-tu pas fier de ta tata?

Arnaud – Dis donc! Impressionnant! Bienvenue au 21e siècle, Tantine! Félicitations! Il est absolument primordial que tout le monde ait un portable. On ne peut plus vivre sans. Mais, au fait, je vois que tu m'appelles de ton fixe. Pourquoi?

Béa – Mais comment tu vois ça?

Arnaud – Il est très utile que tu regardes la présentation du nom avant de répondre. Comme ça tu peux filtrer tes appels. Il est obligatoire que tu apprennes à te servir de ton smartphone tout de suite!

Béa – Ben…justement, c'est pour ça que je t'appelle. Apprends-moi à envoyer un SMS, s'il te plaît. J'ai envie de communiquer avec toi tous les jours comme mes copines avec leurs neveux.

Arnaud – D'accord, Tata. Avant d'envoyer un SMS, il est nécessaire d'allumer le téléphone. Allume-le en appuyant sur la touche Marche/Arrêt et attends quelques secondes.

Béa – Bon, c'est fait…

Arnaud – Ensuite, tu vois une flèche marquée déverrouiller? Fais glisser la flèche en bas de l'écran de gauche à droite.

Béa – Ah, super! Je vois des icônes!

Arnaud – Impecc! Tape sur l'icône qui ressemble à une bulle de BD. Elle est verte et blanche.

Béa – Mais…je ne comprends pas – il n'y a pas de touches sur ce portable!

Arnaud – Si, mais ce sont des touches tactiles – il suffit de toucher l'icône sur l'écran tactile.

Béa – Oh là là! On dirait de la magie!

Arnaud – Alors, compose mon numéro de téléphone. Il est indispensable que tu fasses le bon numéro! C'est le 04 72 04 06 27 85. Et puis, en bas de l'écran tape-moi un petit message. Après avoir terminé le message, tape sur la touche marquée Envoyer.

Béa – C'est fait!

Arnaud – Ça y est! Je l'ai eu !

Béa – Incroyable – il est inutile que nous nous envoyions des lettres par la poste. Tu m'as convaincue. A partir d'à présent, je suis Tata Technologie! Merci, bouchon!

Arnaud – De rien – ça fait plaisir d'initier des gens à la technologie. A bientôt, Tata!

Béa – Au revoir, Arnaud!

1. LIRE   PARLER   ECRIRE

Relisez la conversation entre Arnaud et Béa. Pouvez-vous deviner le sens des mots du vocabulaire de la technologie dans le passage d'après le contexte ? Discutez-en avec un partenaire ou faites une liste de ces mots.

2.  **PARLER** **ECRIRE**

Avez-vous bien deviné? Vérifiez vos réponses à l'aide de la liste ci-dessous. Notez les mots que vous ne connaissez pas.

POINT
LEXIQUE

allumer	to turn/power on (a device)
un appel	a call
appuyer sur	to press
une bulle de BD	a speech bubble
déverrouiller	to unlock (a device)
un écran tactile	a touchscreen
filtrer	to screen (a call)
glisser	to swipe (on a touchscreen)
marche/arrêt	on/off
un portable	mobile (phone or computer)
la présentation du nom	caller ID
un SMS	a text message
un téléphone fixe	a landline
un texto	a text message
une touche	a button (on a device)

3. **Regardez le passage et trouvez des exemples du subjonctif avec des expressions impersonnelles. Faites-en une liste. Il y en a six.**

Modèle : Il est important que vous éteigniez l'ordinateur le soir.

1.

2.

3.

4.

5.

6.

Le subjonctif est employé après des expressions impersonnelles dans lesquelles le sujet est un *il* impersonnel.

Voici quelques exemples d'expressions impersonnelles:

il suffit que	il vaut mieux que	il faut que
il est bon que	il est (in)utile que	il est primordial que
il est essentiel que	il est indispensable que	il est obligatoire que

Pour former une phrase avec les expressions impersonnelles ci-contre, il y a trois éléments obligatoires:

(1) l'expression impersonnelle avec *que*

(2) un deuxième pronom sujet

(3) un verbe conjugué au subjonctif

Le présent du subjonctif se forme en français avec le radical de la 3ᵉ personne du pluriel du présent de l'indicatif (REGARDER- ils <u>regard</u> - <s>ent</s>) et les terminaisons - **e, -es, - e, ions, iez, ent.**

Modèle: parlent > parl<s>ent</s> > parl + iez

         <u>Il est bon que</u>   <u>vous</u>   <u>parliez</u> français en cours.
               1   2   3

Attention! Les verbes aller et vouloir ont deux radicaux.
Un radical pour les formes de 'la botte'* et un autre pour les formes nous et vous.

aller	
que j'aill**e**	que nous all**ions**
que tu aill**es**	que vous all**iez**
qu'il/elle aill**e**	qu'ils/elles aill**ent**

*Avez-vous remarqué qu'aux pronoms sujets pronoms sujets *je, tu, il/elle/on, ils/elles* les formes du verbe se ressemblent. C'est la botte!

vouloir	
que je veuill**e**	que nous voul**ions**
que tu veuill**es**	que vous voul**iez**
qu'il/elle veuill**e**	qu'ils/elles veuill**ent**

D'autres verbes à deux radicaux

verbe	radical 1 je, tu, il(s), elle(s)	radical 2 nous, vous
venir (tenir, revenir, devenir)	vienn-	ven-
croire (voir)	croi-	croy-
prendre (comprendre, surprendre, apprendre)	prenn-	pren-
devoir	doiv-	dev-
apercevoir	aperçoiv-	apercev-
essayer*	essai-	essay-

*Pour tous les verbes en *–yer*, on emploie le *i* pour le premier radical et le *y* pour le deuxième radical.

N'oubliez pas que les expressions impersonnelles peuvent également s'employer avec *de + infinitif* si la phrase n'a qu'un seul sujet.

Modèle: <u>Il est bon de verifier</u> son orthographe dans un courriel.

            <u>Il vaut mieux qu'ils fassent</u> scanner le document.

POINT RAPPEL

N'oubliez pas qu'il y a des verbes où le radical reste irrégulier à toutes les personnes:

4. LIRE

Dans les phrases que vous avez trouvées pour l'exercice 3, soulignez <u>la cause</u>, <u>la conjonction *que*</u>, et <u>le verbe au subjonctif</u> de chacune.

Modèle: <u>Il est important</u> <u>que</u> vous <u>éteigniez</u> l'ordinateur le soir.

5. LIRE ECRIRE

Regardez à nouveau le passage et trouvez les deux propositions avec une expression impersonnelle, de, et un infinitif. Ensuite reformulez les phrases au subjonctif; il va falloir ajouter un deuxième sujet.

Modèle: Il est naturel de taper au lieu d'écrire à la main.
Il est naturel qu'ils tapent au lieu d'écrire à la main.

6. LIRE PARLER

Réorganisez par ordre chronologique les différentes étapes à suivre pour télécharger une chanson d'Internet. Ensuite, réécrivez ces étapes avec des phrases complètes en employant une expression impersonnelle et le subjonctif.

1. Taper votre mot de passe.   _____
2. Rechercher l'artiste.   _____
3. Ouvrir le programme.   _____
4. Synchroniser votre lecteur de MP3.   _____
5. Cliquer sur télécharger.   _____
6. Ouvrir le programme.   _____
7. Écouter la chanson pour l'identifier.   _____
8. Écouter la chanson pour le plaisir.   _____

7. ECRIRE

Faites une liste des étapes à suivre pour réaliser les objectifs suivants. Employez plusieurs expressions impersonnelles suivies du subjonctif pour chaque liste.

1. joindre un fichier à un mail (ou une photo ou un document)
2. créer un nouveau document
3. taper avec des accents sur l'ordinateur
4. télécharger une application sur une tablette numérique
5. autre?

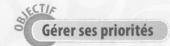

OBJECTIF
Gérer ses priorités

Qu'est-ce que tu fais avant, pendant, et après l'envoi d'un message électronique ou un SMS?

Jeanne *16 ans* *Toulouse*

Avant d'envoyer un message électronique, je réfléchis un peu. En l'envoyant j'ajoute quelques émoticônes. Après avoir envoyé le mel, j'attends impatiemment la réponse.

Marc *14 ans* *Annecy*

Avant d'envoyer un SMS à une fille, il est bon de discuter du message avec ses amis. Je tremble en envoyant des texto à des filles. Après avoir envoyé un texto, très souvent, je me rends compte que j'avais fait une faute de frappe, et je me sens bête.

Pauline *17 ans* *Nîmes*

C'est toujours une bonne idée de vérifier le numéro de téléphone avant d'envoyer un message électronique. Je crois que la plupart des jeunes ne pensent pas en tapant un SMS. C'est toujours après l'avoir envoyé que je pense à une réponse créative et drôle.

1. LIRE

Lisez les réponses de Jeanne, Marc et Pauline. Déterminez l'ordre chronologique des étapes que chacun a suivies. Ensuite recopiez la phrase du texte original qui correspond à chaque définition.

Ordre (n°)	Description	Phrase originale
JEANNE		
	Elle envoie le message.	
	Elle réfléchit.	
MARC		
	Il se sent bête.	
	Il discute avec ses amis.	
	Il tremble et envoie en texto.	
PAULINE		
	Elle vérifie le numéro.	
	Elle envoie un SMS, mais ne pense pas.	
	Elle pense à une phrase créative et drôle.	

POINT GRAMMAIRE

Pour exprimer l'ordre dans lequel l'action se déroule
Ce que l'on fait avant, pendant, et après un évènement

Évènement

avant   après

pendant

AVANT

Pour parler d'un évènement qui a lieu avant un deuxième évènement, on peut employer la structure **avant de** + *infinitif.*
Exemple: Avant de me coucher, je branche mon ordinateur dans une prise électrique.
Cela veut dire que la personne a branché son ordinateur en premier lieu et ensuite s'est couchée.

PENDANT

Pour parler d'une action qui se déroule en même temps qu'une autre action, on utilise la préposition *en* + le participe présent.
Il se forme avec le radical de la forme *nous* du verbe au présent + *ant.*
Exemple: La forme nous du verbe taper = tapons. Le radical de ce verbe est *tap-*. Ajoutez *-ant.* Le participe présent est *tapant*
(*while typing* en anglais)
En tapant un SMS, elle a fait une faute de frappe car les touches sont si petites!

APRÈS

Pour parler d'un évènement qui s'est déroulé avant un autre évènement déjà passé, on peut employer **l'infinitif passé** qui se forme, du verbe auxiliaire avoir ou être et du participe passé. On l'utilise souvent avec la préposition *après.*
Exemple: Après avoir sauvegardé le document, il a éteint son ordi.
Après être parti, il a changé son statut sur son réseau social.*

*les verbes qui se conjuguent avec *être* au passé composé exigent le verbe *être* pour l'infinitif passé également.

2.

Terminez chaque début de phrase de façon logique en employant du vocabulaire de la technologie.

1. Après avoir allumé ma tablette, …

2. En téléchargeant un document, …

3. Avant de mettre une photo sur un réseau social, …

4. Après avoir déverrouillé le portable, …

5. Avant d'éteindre l'ordinateur, …

6. En faisant mes devoirs sur l'ordi, …

3.

Cette fois-ci, inventez le début de chaque phrase en employant avant de, le participe présent, ou l'infinitif passé.

1. … , elle vide sa boîte de réception.

2. … , je commande un express au cybercafé.

3. … , il écoute de la musique.

4. … , il faut se rassurer d'avoir bien attaché la pièce jointe.

5. … , on met tous les brouillons dans la corbeille.

4.

Faites une liste chronologique des étapes que vous suivez pour accomplir les tâches ci-dessous en employant avant de, le participe présent, ou l'infinitif passé. N'oubliez pas que l'ordre que vous proposez montre votre façon de gérer vos priorités!

_____ mettre une vidéo sur un site Internet

_____ créer un diaporama pour un cours

_____ télécharger une chanson d'Internet

_____ mettre un blog à jour

_____ taper un devoir sur l'ordi

_____ changer votre statut sur un réseau social

_____ identifier la photo d'un(e) ami(e) sur un réseau social

---

Être un bon citoyen numérique

Sondage sur le comportement des internautes	Zahara Einstein	Clémentine Bête
Avez-vous une page sur un réseau social?	J'ai ma page personnelle depuis l'âge de 13 ans, ce qui est la règle de mon réseau social. Avoir une page sur un réseau social est quelque chose qu'il faut éviter quand on est trop jeune.	Ça fait déjà 5 ans que j'ai ma page. Je ne suis pas quelqu'un qui suit les règles en général. Je suis plutôt individualiste! Ce que je fais dans la vie, ça ne regarde personne d'autre.
Qu'est-ce que vous mettez sur votre page?	J'aime bien mettre des photos qui sont drôles, mais sans identifier les personnes qui paraissent dessus. Ce que j'adore faire sur mon réseau, c'est changer mon statut – c'est rigolo!	Tout! Des photos de l'équipe de basket de l'école (qu'est-ce que ça prend du temps pour identifier tout le monde !), mon statut qui change toutes les heures (je raconte tout – où je suis, ce que je fais…)
Qu'est-ce que vous ne mettez surtout pas sur votre page?	Les informations personnelles que j'ai envie de cacher, comme mon adresse, mon numéro de portable, le nom de mon école, etc.	Rien! Tout ce qui fait partie de ma vie y paraît!
Qui a le droit de regarder votre page?	Mes amis et mon père – je lui ai demandé en ami. C'est lui qui m'aide à la surveiller – c'est très gentil!	C'est une page qui est ouverte à tout le monde. Je cherche toujours à me faire plus d'amis, donc ce que je donne comme information va m'aider à prendre contact avec des gens intéressants – mon adresse postale, mon courriel, mon numéro de téléphone.
Faut-il se méfier des réseaux sociaux?	Oui, bien sûr! Je me méfie des cybercriminels (c'est très courant de nos jours!) et je sais que mes futurs employeurs vont essayer de trouver ma page avant de m'offrir un emploi.	Non, je crois que les gens qui pensent à ça exagèrent.
En dehors de la vie sociale, les réseaux sociaux ont-ils une raison d'être?	Ce qui m'impressionne le plus, c'est qu'un réseau social peut servir d'une sorte de CV moderne et ça demande beaucoup de responsabilité chez l'utilisateur.	Je pense qu'à l'avenir, je m'en servirai pour le boulot, mais pour l'instant c'est rigolo – c'est tout. Ce n'est pas une activité qui sert à grand-chose.

POINT CULTURE

Le téléphone mobile

Plus de 40 millions de Français sont désormais équipés d'un téléphone mobile. 90% des jeunes de 18 à 29 ans en sont pourvus. Les jeunes sont très attirés par les nouveaux services: 92% des adolescents disposant d'un téléphone mobile ont déjà envoyé des SMS et 23% des MMS (un message contenant une image, une photo, ou du son). Cependant, en 3 ans, seuls 4% des foyers semblent avoir abandonné leur ligne fixe au profit de leur mobile.

Source: www.futura.sciences.com/fr
Permission Creative Commons

1. LIRE ECRIRE

Sur une feuille de papier, dessinez un diagramme de Venn pour illustrer les similitudes et les différences dans les réponses de Zahara Einstein et Clémentine Bête.

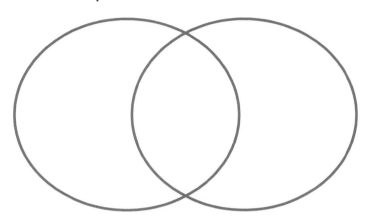

2. LIRE ECRIRE

Trouvez les phrases où se trouvent les pronoms du tableau ci-dessous. Ecrivez deux exemples de phrases pour chaque pronom. Soulignez son environnement, c'est-à-dire les mots qui entourent ce pronom relatif dans chaque phrase.

Phrases	environnement de la structure
ce que	
ce que	
que	
que	
ce qui	
ce qui	
qui	
qui	

3. PARLER ECRIRE

Terminez les phrases suivantes à l'aide du pronom relatif qui convient.

1. _____ tu trouves le plus utile, c'est la tablette numérique.

2. Les touches _____ sont sur le clavier du portable sont minuscules!

3. Le pavé tactile sur l'ordi _____ j'utilise à l'école est plus difficile à utiliser que la souris.

4. Certains adultes ne voient pas l'utilité de _____ les jeunes font sur l'ordi, des jeux vidéo par exemple.

5. Chatter sur Internet, voilà _____ attire le plus les ados, de nos jours.

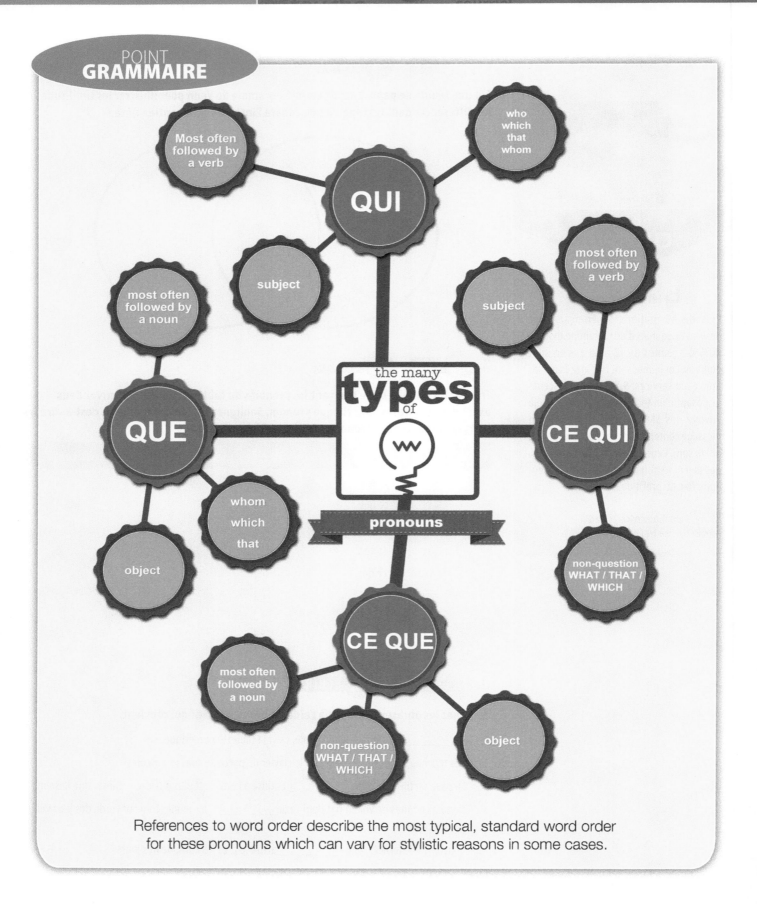

QUI
- Most often followed by a verb
- who which that whom
- subject

QUE
- most often followed by a noun
- whom which that
- object

CE QUI
- subject
- most often followed by a verb
- non-question WHAT / THAT / WHICH

CE QUE
- most often followed by a noun
- non-question WHAT / THAT / WHICH
- object

the many **types** of

pronouns

References to word order describe the most typical, standard word order for these pronouns which can vary for stylistic reasons in some cases.

4.  ECRIRE

Composez des phrases à l'aide d'un pronom relatif pour expliquer comment vous gérez votre vie d'Internaute. Utilisez les commentaires de Zahara Einstein et Clémentine Bête comme modèles.

1. ce que vous mettez sur Internet:

2. les gens que vous ajoutez sur votre page perso d'un réseau social:

3. ce qui est votre application préférée:

4. les gens qui vous demandent en ami:

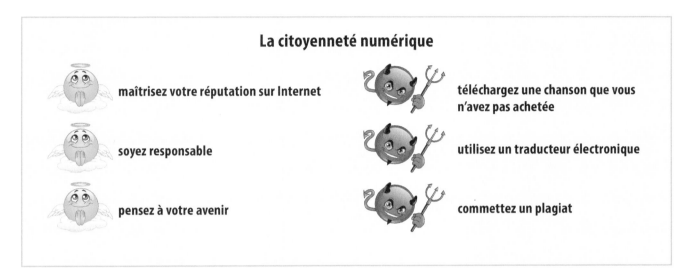

La citoyenneté numérique

maîtrisez votre réputation sur Internet

soyez responsable

pensez à votre avenir

téléchargez une chanson que vous n'avez pas achetée

utilisez un traducteur électronique

commettez un plagiat

5.  ECRIRE

Écrivez une composition qui décrit les responsabilités et les dangers d'Internet pour les étudiants du 21e siècle. Soyez précis et donnez des exemples. Employez du vocabulaire de la technologie et les quatre types de pronoms relatifs abordés dans ce chapitre.

Préparez-vous pour l'examen

Interpretive Communication: Print Texts

TIPS AND TRICKS CHECKLIST

Chapter	Tip	Trick
0	Pre-read	Pre-read title and introduction to make predictions
	Overcome unknown vocabulary	Use prefixes and suffixes
		Look for familiar etymology
		Read everyday
	Read quickly	Identify the 5 Ws
4	Read critically	Identify the register
	Find your reading purpose	read questions ahead of time so you can read with purpose
5	Connect the passage to the purpose	underline key sentences

TIP: FIND YOUR READING PURPOSE

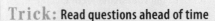

Trick: Read questions ahead of time

As soon as you are instructed to turn the page, begin absorbing information. You do not need to listen to the instructions because you already know them. While the narrator reads «*Vous aurez 1 minute pour lire l'introduction et parcourir les questions*» you should be jotting down a key word for each question.

For example «*Quel est le but de l'article?*» You would write **goal** or **but** next to that question.

Remember the most common multiple choice question topics are **goal**, **cultural connection**, **comprehension**, **register**, **definition**, and **tone.** You can also use more specific vocabulary if you so choose. You will only have 30 minutes to read 4-8 inputs and answer 40 questions, so you have to read with purpose.

ÉCRIRE

Donnez l'orientation de chacune des questions suivantes.

1. Quel est le sens du mot «novateur» (ligne 23) tel qu'il est utilisé dans l'article?

2. Quelle innovation est décrite dans le premier paragraphe?

3. Vous allez répondre à Mme Legeek pour lui demander plus d'informations. Comment devriez-vous formuler votre réponse?

4. En quoi cette révolution de technologie est-elle symbolique?

5. Dans ce passage, quel est le ton de l'auteur?

6. Quel est le but principal de la publicité?

Trick: Underline key phrases

Now that you've made predictions and identified the purpose (i.e., you know the questions), read the passage. As you read, underline phrases that will help you answer them.

TIP: CONNECT THE PASSAGE TO THE PURPOSE

ÉCRIRE

C'est à vous Complete the task while strategically answering questions based on the tips and tricks provided in this lesson.

The following text is accompanied by a number of questions. For each question, choose the response that is best according to the selection.	La sélection suivante est accompagnée de plusieurs questions. Pour chaque question, choisissez la meilleure réponse selon la sélection.

pièce jointe   arobase   tableau blan
taper   ordi   texto   sau
souris

Introduction: Dans la sélection suivante, il s'agit des langues menacées de disparition. Cet article, dont nous lirons des extraits, a été publié le 7 septembre 2012 et vient du site fr.globalvoicesonline.org.

Garder vivantes les langues menacées de disparition, grâce à l'Internet

Ne restera-t-il bientôt que l'anglais et le chinois sur le web? Ou bien la technologie aidera-t-elle à maintenir en vie nos multiples langues maternelles?

Eddie Avila, directeur de Rising Voices, souligne la différence entre langues menacées de disparition et langues sous-représentées. Trois des membres du panel travaillent sur ces dernières dans des langues africaines sans présence proportionnelle en ligne. Pour que les jeunes comprennent que leur langue appartient à l'avenir et non au passé, il faut qu'ils la voient présente sur internet et dans des logiciels localisés (comme OpenOffice).

Boukary Konate

Boukary (@fasokan, il blogue sur Fasokan.com), vient du Mali, et parle le bambara, une des quelque quinze langues du Mali. Le bambara est parlé par environ 80% de la population. L'enseignement commence en langue maternelle, et se poursuit en français et anglais. Il pense qu'il est crucial de conserver sa langue natale en ligne, c'est pourquoi il blogue en bambara et en français. La langue se transmet dans les villages avec les cours d'alphabétisation, Boukary a donc créé des cours pour encourager les enfants à écrire et raconter des histoires dans leur langue maternelle.

Le bambara nécessite quatre caractères qui lui sont propres, et que ne possèdent pas les claviers occidentaux. Mais le clavier QWERTY standard dispose de caractères inutilisés, comme le Q, qui n'existe pas en bambara, des substitutions peuvent donc être faites manuellement et des caractères échangés. Quelqu'un a développé une application Facebook / Twitter compatible avec le bambara, permettant de poster des statuts en langue maternelle.

Est-ce que des claviers virtuels, basés sur des logiciels, pourraient nous aider à surmonter les limitations des claviers physiques créés pour les langues dominantes? (Voir plus d'informations sur la page des claviers langues d'ANLOC). Accentuate.us est une autre solution. C'est une excellente extension Firefox qui "vous permet de taper vite et facilement dans plus de 100 langues sans touches supplémentaires ni clavier spécial."

Abdoulaye Bah

Abdoulaye est un blogueur de Global Voices du groupe francophone. Originaire de Guinée, il vit en Italie et France. Au courant de sa vie, il a parlé 8 langues, mais celle qu'il connaît le moins est la sienne, le peul. Il a pratiqué davantage les autres langues, dont il avait besoin pour des raisons concrètes. Le peul est parlé comme première ou seconde langue dans pas moins de 18 pays africains, dont la Guinée, où 40% de la population le parle, ainsi que la Mauritanie, le Cameroun, le Tchad, et des parties de l'Ethiopie.

Beaucoup de problèmes qu'affronte cette langue viennent de ce qu'elle n'est pas enseignée à l'école. Les gens apprennent à l'écrire par des cours particuliers, ou pas du tout. Abdoulaye voit dans la pratique des blogs l'une des seules voies pour garder la langue vivante. Il y a de nombreux blogs en peul. Les vidéos en ligne sont une autre présence de la langue en ligne, qui surmonte l'obstacle que plus de gens parlent la langue que ne l'écrivent.

La semaine passée, Google a lancé son opération EndangeredLanguages.com avec l'Alliance pour la Diversité Linguistique. Le premier défi est de compter les langues menacées de disparition. L'initiative Google liste plus de 3.000 langues, dont certaines sont plutôt sous-représentées que menacées. Seules 285 langues ont une édition Wikipedia de quelque importance (et beaucoup moins, une édition consistante). Le fossé entre les 3.054 langues recensées par Google et les 285 éditions Wikipedia illustre le défi de mettre en ligne les langues en danger.

Ligne
5
10
15
20
25
30
35

1. Quel est le but de l'article?

   a. vendre des appareils numériques au Mali et en Guinée

   b. faire rire le lecteur

   c. encourager une diversité linguistique sur Internet

   d. changer l'enseignement des langues dans le système éducatif

2. Quelle langue ne représente pas une menace envers d'autres langues?

   a. le peul

   b. le chinois

   c. le français

   d. l'anglais

3. Quel est le ton de l'auteur dans cet article?

   a. ludique

   b. instructif

   c. humoristique

   d. moqueur

4. Qu'est-ce qu'on apprend dans un cours d'alphabétisation?

   a. les lettres de l'alphabet

   b. l'orthographe des mots

   c. à taper sur le clavier d'un ordinateur

   d. lire et écrire une langue

5. Quel est le plus grand obstacle que rencontre le bambara en ligne?

   a. les claviers européen et nord-américain ne correspondent pas au bambara

   b. les grandes langues essaient de dominer Internet

   c. il n'y a pas d'appli qui correspond aux caractères en bambara

   d. le bambara est uniquement une langue orale

Trick: **Know the test instructions by heart**

If you are familiar with the task before taking the test, you can squeak out a few extra moments to focus on answering questions. Take, for example, the 1 minute to read the instructions: You already know what they say! Instead use this valuable 60 seconds to pre-read the title, introduction and questions for source 1.

Trick: **Don't panic**

It is easy to forget that when the audio ends, there is still time left to answer questions. You have an additional 15 seconds per question. When the audio ends, be ready to tackle any unanswered questions.

Trick: **Refocus during the pause between readings.**

During the reading, you'll be frantically taking notes and visualizing. It is important to use the 60 seconds between readings to your best advantage. Refocus on the questions during this minute and re-read the unanswered questions. Try to answer as many as you can, and focus your listening skills to answer the remaining questions during the second reading.

Trick: **Answer passage-specific questions first**

You have a few minutes to preview the questions and read the passage before the audio selection is played. DON'T start with the passage; start with the questions! Speed-read them and identify those that can be answered with the passage only. These typically have the word "article" or "passage" in the question. Write #1 next to those questions so you know the answers are in Source 1. If you have time, answer those before listening to the audio.

ECRIRE

C'est à vous

Complete the task while strategically answering questions based on the tips and tricks provided in this lesson.

You will read a passage and listen to an audio selection. For the reading selection, you will have a designated amount of time to read it. For the audio selection, first you will have a designated amount of time to read a preview of the selection as well as to skim the questions that you will be asked. The selection will be played twice. After listening to the selection the first time, you will have 1 minute to begin answering the questions; after listening to the selection the second time, you will have 15 seconds per question to finish answering the questions. For each question, choose the response that is best according to the audio and/or reading selection and mark your answer on your answer sheet.

Vous allez lire un passage et écouter une sélection audio. Pour la lecture, vous aurez un temps déterminé pour la lire. Pour la sélection audio, vous aurez d'abord un temps déterminé pour lire une introduction et pour parcourir les questions qui vous seront posées. la sélection sera présentée deux fois. Après avoir écouté la sélection une première fois, vous aurez 1 minute pour commencer à répondre aux questions; après avoir écouté la sélection une deuxième fois, vous aurez 15 secondes par question pour finir de répondre aux questions. Pour chaque question, choisissez la meilleure réponse selon la sélection audio ou la lecture et indiquez votre réponse sur votre feuille de réponse.

Source 1:

Introduction: Cette sélection, qui parle de l'accès à Internet, vient du site www.futura-sciences.com. Dans cet extrait, il s'agit des résultats d'une enquête sur la diffusion des technologies de l'information (TIC) dans la société française, menée par l'Autorité de régulation des télécommunications (ART), le Conseil Général des technologies de l'Information (Cgti) et le Centre de recherche, d'études et de documentation sur la consommation (Credoc).

L'accès à Internet

Selon l'étude, 30 % des personnes de plus de 18 ans, et 40 % des 12–17 ans avaient accès à l'internet depuis leurs domiciles en juin 2003, dont un tiers à haut débit.

Les inégalités d'accès à l'internet sont manifestes. Le taux d'équipement des ménages les plus aisés (67 %), des cadres supérieurs (66 %) comme des diplômés du supérieur (60 %) est nettement supérieur à celui des foyers les plus modestes (14 %), des ouvriers (21 %) et des femmes au foyer (19 %).

40 % des internautes visionnent des mini-clips vidéo sur l'internet, 30 % utilisent le réseau en mode peer to peer pour télécharger de la musique, des films ou des logiciels. En revanche, les services de messagerie instantanée et de jeux en réseau s'adressent à un public plus ciblé d'adolescents et de jeunes de 18–24 ans.

Les achats sur l'internet sont en progression: 7 % des personnes de 18 ans et plus avaient déjà utilisé ce mode d'achats en juin 2001; ils sont 13 % en juin 2003. Mais 79 % des personnes ne pensent toujours pas effectuer des achats par internet dans les douze mois.

Les personnes les plus âgées ressentent moins le besoin de recourir aux technologies de l'information: à partir de 60 ans, moins de la moitié des personnes disposent d'un téléphone mobile, et moins d'un quart à partir de 70 ans; 14 % des retraités seulement disposent d'un ordinateur à leur domicile, et, parmi eux, la moitié seulement l'utilise effectivement.

Selon le Credoc, il n'y a quasiment plus aucun adolescent pour considérer que «l'internet n'est pas utile à la vie quotidienne», et seulement un quart des personnes de plus de soixante ans. En revanche, le coût apparaît toujours comme étant le principal frein tant à l'accès au micro-ordinateur qu'à l'internet, qu'il s'agisse du coût des communications ou du coût du matériel.

Ligne
5
10
15
20

Source 2: Sélection Audio

Introduction: Dans cette sélection audio il s'agit d'une façon de se connecter à Internet. Cet extrait audio vient de l'émission *De quoi je me mail*, dirigée par François Sorel et diffusée sur la radio RMC le 12 octobre 2012.

1. Selon le passage, quel est le principal obstacle à l'utilisation d'Internet à la maison?

   a. l'âge des gens

   b. le prix

   c. le nombre de pièces de la maison

   d. le caractère modeste des gens

2. Selon l'extrait audio, en quoi cette nouvelle technologie est-elle limitée?

   a. elle ne fonctionne que dans une seule pièce

   b. elle transmet des données

   c. l'appareil s'attache au mur

   d. elle n'est pas assez lumineuse

3. Dans le passage, qu'est-ce que les mots «il n'y a quasiment plus aucun adolescent» veulent dire?

   a. seulement un adolescent

   b. pas un seul adolescent

   c. tous les adolescents

   d. pratiquement pas d'adolescent

4. Qu'est-ce qu'on a dit pendant l'extrait audio au sujet du wifi?

   a. le lifi remplace complètement le wifi

   b. on n'a pas besoin de wifi dans les hôpitaux

   c. le wifi est déjà démodé et ne va pas durer longtemps

   d. les gens auraient beaucoup de mal à survivre sans le wifi

5. Selon le passage, quelle activité est pratiquée plus souvent que télécharger de la musique?

   a. faire du shopping en ligne

   b. regarder des vidéoclips

   c. communiquer avec des amis

   d. jouer aux jeux virtuels

Interpersonal Writing: E-mail Reply

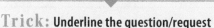
TIPS AND TRICKS CHECKLIST

Chapter	Tip	Trick
0	Identify the register	Choose *tu* or *vous*
	Begin and end well	Practice your introductions
		Practice your closing
		Block your time
4	Use your time wisely	Underline the question/request
5	Address the question posed	Provide lots of details
	Elaborate, elaborate, elaborate	Highlight your knowledge

Trick: Underline the question/request

There will always be question(s) and/or request(s) for additional information provided in the initial version. As you are reading, underline these questions. If you do not address all of the questions/requests, your response will be considered incomplete. This automatically drops your score to a 2 for this task!

TIP: ELABORATE, ELABORATE, ELABORATE

Trick: Choose the answer that highlights your knowledge

Personal details can be embellished, however cities, landmarks and past events must be accurate. For example: «*Dites-nous dans quel pays d'Europe vous préféreriez vivre et pourquoi?*» You would respond with **I would like to live in Switzerland because the climate suits me well. I enjoy the outdoors, especially skiing. I also have a family connection; my mother and father visited Bern during their honeymoon in 1991. Throughout my childhood they told me stories about the mountains and the people. This is the perfect opportunity to go see it for myself.**

Trick: Be sure to provide a creative answer to your underlined prompt question with lots of details

Try to include:

- city names
- geographical references
- historical references
- people's names
- dates
- times

 ECRIRE

Répondez en détail aux questions suivantes

1. Quel serait pour vous le type de technologie idéal?
2. Décrivez les points forts et faibles de votre ordinateur.
3. Quelle est la fonction la plus importante de votre portable?

 ECRIRE

C'est à vous

OPTION 1: Complete the task.

OPTION 2: Write a simplified email with these elements: Introduction, detailed response to question, closing.

You will write a reply to an e-mail message. You have 15 minutes to read the message and write your reply. Your reply should include a greeting and a closing and should respond to all the questions and requests in the message. In your reply, you should also ask for more details about something mentioned in the message. Also, you should use a formal form of address.	Vous allez écrire une réponse à un message électronique. Vous aurez 15 minutes pour lire le message et écrire votre réponse. Votre réponse devrait débuter par une salutation et terminer par une formule de politesse. Vous devriez répondre à toutes les questions et demandes du message. Dans votre réponse, vous devriez demander des détails à propos de quelque chose mentionnée dans le texte. Vous devriez également utiliser un registre de langue soutenue.

Introduction: C'est un message électronique de Mamadou Ndiaye de techinfo.sn. Vous recevez ce message parce que vous avez contacté le service pour demander des informations précises concernant votre problème technologique.

Dakar, le 21 avril 2013

De: <u>Mamadou Ndiaye <technifo.sn></u>
Objet: abonnement

Monsieur ou Madame,

Félicitations et bienvenue sur techinfo.sn! Nous vous remercions de votre abonnement et vous demandons quelques informations supplémentaires en ce qui concerne votre problème technologique afin de vous aider à trouver une solution.

- Quel genre d'appareil numérique est en panne?
- Quelle est la marque et quel est le modèle de l'appareil?
- En quelle année l'avez-vous acheté?
- Précisez les problèmes dans la mesure du possible.
- Qu'est-ce que vous avez essayé de faire jusqu'à présent pour résoudre le problème?

Dès que je serai en possession de toutes les informations nécessaires, je vous contacterai pour que le technicien puisse fixer un rendez-vous.

Bien cordialement,

Mamadou Ndiaye

Presentational Writing: Persuasive Essay

TIPS AND TRICKS CHECKLIST

Chapter	Tip	Trick
0	Make a personal connection to the topic	Give a personal example in the first paragraph
		Use *on* in formal writing
4	Use your time wisely	Block your time
	Understand the sources	Underline citable sections in the reading
		Take notes while listening
5	Form a structured response	Organize your response
		Use transitions

TIP: FORM A STRUCTURED RESPONSE

Trick: Extract the various points of view

As you know, this task is daunting. The best way to tackle it is with a graphic organizer. This will keep you focused and productive while writing. Now that you understand the sources, it is time to put them together with your own views.

Most students begin writing the introduction first, but it is actually easier to save the intro and conclusion paragraphs for later. Instead, organize the citable items you underlined or noted in the For and Against boxes. Don't write down complete sentences, just key words and phrases. You should have at least three citations in each box. You've just put together two of your three body paragraphs!

Next, write your opinion in the Personal View box. Be sure to state your opinion and give at least three examples or supporting details.

FOR	AGAINST	PERSONAL VIEW

Trick: Use transitions

It is not uncommon for students to end the pre-writing phase with the two graphic organizers you just created. However, having words and sentences to connect your writing will help the flow of your response. This is a major element in the grading rubric, so be sure to include them! The following tables do not need to be memorized. Instead, you should pick only a handful of words and consistently use them in everyday language.

Trick: Outline your introduction and conclusion

Now that your body paragraphs are outlined, you can think about your introduction and conclusion paragraphs. Both should reflect the same information: introduce the concept, present all views, justify your opinion. Don't forget that the introduction should contain a personal connection to the topic!

	INTRODUCTION	CONCLUSION
Introduce the concept (personal connection):		
Present all views:		
Justify your opinion:		

tableau blanc interactif
sauvegarder pavé tactile logiciel brouillon
écran tactile portable

POINT LEXIQUE

Introduce/Conclude		Compare/Contrast		Misc	
malgré tout	despite everything	par contre	on the other hand	ensuite	then
par conséquent	consequently	cependant	however	d'abord	first
en conclusion	in conclusion	bien que	although	enfin	finally
malgré	in spite of	tandis que	whereas	donc	so, therefore
par ailleurs	in addition, moreover	en plus	furthermore	sans compter que...	not to mention
plutôt que	rather than			à cause de	because of (negative)
pour que	so that			grâce à	thanks to (positive)
pendant que	while				
pourvu que	provided that				
puisque	since				
C'est pour cette raison que	It is for this reason that				
C'est certainement parce que	It is certainly because				
Il s'agit d'un problème	It is about a problem				

ECRIRE

Ajoutez un connecteur pour joindre les phrases suivantes en une seule phrase.

1. Pour envoyer des SMS, j'utilise mon portable. Pour envoyer des courriels électroniques, j'utilise mon ordi.

2. Je sauvegarde mes documents. Je ne veux pas les perdre.

3. La souris est utile. L'écran tactile est pratique.

4. L'appli ne coûte pas cher. Elle vous permet de recevoir des SMS gratuitement.

5. Il faut bien télécharger la musique légalement. Vous n'aurez pas de problèmes avec vos MP3s.

ECRIRE

C'est à vous

OPTION 1: Complete the task.

OPTION 2: Finalize your graphic organizer.

INTRO: introduce the concept/personal connection: present all views: justify your opinion:
TRANSITION:
FOR:
TRANSITION:
AGAINST:
TRANSITION:
PERSONAL VIEW:
TRANSITION:
CONCLUSION: introduce the concept: present all views: justify your opinion:

ECRIRE

C'est à vous OPTION 1: Complete the task.

OPTION 2: Write a simplified email with these elements: Introduction, detailed response to question, closing.

<table>
<tr>
<td>

You will write a persuasive essay to submit to a French writing contest. The essay topic is based on three accompanying sources, which present different viewpoints on the topic and include both print and audio material. First, you will have 6 minutes to read the essay topic and the printed material. Afterward, you will hear the audio material twice; you should take notes while you listen. Then, you will have 40 minutes to prepare and write your essay. In your persuasive essay, you should present the sources' different viewpoints on the topic and also clearly indicate your own viewpoint and defend it thoroughly. Use information from all of the sources to support your essay. As you refer to the sources, identify them appropriately. Also, organize your essay into clear paragraphs.

</td>
<td>

Vous allez écrire un essai persuasif pour un concours d'écriture de langue française. Le sujet de l'essai est basé sur trois sources ci-jointes, qui présentent des points de vue différents sur le sujet et qui comprennent à la fois du matériel audio et imprimé. Vous aurez d'abord 6 minutes pour lire le sujet de l'essai et le matériel imprimé. Ensuite, vous écouterez l'audio deux fois; vous devriez prendre des notes pendant que vous écoutez. Enfin, vous aurez 40 minutes pour préparer et écrire votre essai. Dans votre essai, vous devriez présenter les points de vue différents des sources sur le sujet et aussi indiquer clairement votre propre point de vue que vous défendrez à fond. Utilisez les renseignements fournis par toutes les sources pour soutenir votre essai. Quand vous ferez référence aux sources, identifiez-les de façon appropriée. Organisez aussi votre essai en paragraphes bien distincts.

</td>
</tr>
</table>

Vous aurez 6 minutes pour lire le sujet de l'essai, la source numéro 1 et la source numéro 2.

Sujet de la composition:

La technologie, est-ce une nécessité absolue au 21e siècle?

Source 1:
Introduction

Dans cette sélection il s'agit de vivre avec ou sans la technologie. Cet article a été écrit par Éric Dupin et vient du site www.presse-citron.net.

Peut-on vivre sans la technologie?

J'entends dire parfois que **la science a remplacé la religion** (enfin, pas partout) et que certains s'effraient de l'omnipotence de la technologie.

Ligne

5

N'étant ni scientifique ni religieux j'aurais du mal à me prononcer sur cette assertion, mais je constate avec surprise au hasard de certaines rencontres qu'il existe encore autour de nous des gens qui n'utilisent pas la technologie. Mais alors pas du tout.

Ainsi ai-je dans mes relations deux personnes (2) qui ne possèdent pas de téléphone mobile. Je ne parle pas de smartphone, mais bien du bon vieux mobile basique qui sert juste à téléphoner, un truc purement pratique, vous savez. L'un d'entre eux ne possède d'ailleurs pas de voiture, et je le soupçonne même de ne pas avoir le permis de conduire (oui c'est suspect ☺). Bizarre pour un père de famille

10

quadragénaire urbain bobo quand même, non?

Je constate également que les personnes en question sont divisées en deux catégories.

15

Dans la première catégorie, celles qui font de l'hostilité aux nouvelles technologies une affaire de principe qui confine à l'engagement politico-idéologique, dans lequel on retrouve pêle-mêle altermondialisme, refus de la société de consommation et militantisme écologique (ce qui va souvent ensemble d'ailleurs). Ces personnes n'ont rien contre les technologies en tant que telles, mais les refusent pour tous les dommages collatéraux qu'elles seraient supposées occasionner, en omettant quand même de mettre dans la balance les progrès qu'elles constituent pour l'homme, et même pour l'humanité, soyons fous.

(continued next page)

Dans la deuxième catégorie, on trouve des personnes qui, malgré un niveau socio-culturel et professionnel plutôt élevé, ignorent les nouvelles technologies parce qu'elles n'en voient pas l'utilité, préférant privilégier
20 un mode de vie dans lequel le contact dans la vie réelle serait fondamental. Je parle de *contact dans la vie réelle* à défaut de trouver une meilleure terminologie car **je fais la différence avec le contact humain**: l'erreur la plus fréquente que commettent ceux qui sont réfractaires à internet par exemple, est de penser que c'est un outil d'aliénation et d'isolement. Nous savons tous que, bien utilisé, c'est exactement l'inverse: voir l'engouement pour les réseaux sociaux, les forums, et les messageries instantanées. Pour un exemple
25 de prétendue aliénation je peux donner 10 exemples de socialisation.

Les *yes-life* (en opposition aux no-life, hahaha) sont aussi ceux qui n'utilisent pas les guichets automatiques mais vont retirer leur argent à la banque pour tout payer en espèces (comme certains commerçants, mais pour d'autres raisons…). Nous pourrions certainement trouver de nombreux autres exemples de refus de la technologie.

30 Bien sûr, on peut vivre et être heureux sans la technologie, c'est parfois un choix délibéré et **parfaitement respectable** qui nous amène accessoirement à réfléchir sur la vanité de la course au dernier gadget (je sais de quoi je parle…), mais il y a une certitude: ceux qui font ce choix par peur de voir disparaître les «vrais» rapports humains se trompent.

C'est un leurre de penser que la technologie est aliénante pour l'homme. Toute l'histoire de
35 l'évolution, et son accélération phénoménale aux 20ème et 21ème siècles tendent à prouver le contraire: de l'imprimerie au chemin de fer, de l'aviation à la TSF, de la presse écrite à la télévision, les grandes innovations adoptées en masse sont celles qui ont permis à l'homme de communiquer, et aux hommes de se rapprocher.

Source 2: Sélection Audio 🎧
Introduction

Dans cette sélection audio il s'agit de l'utilité des appareils numériques et la possibilité de s'en servir dans des endroits inattendus. Cet extrait audio vient de l'émission *De quoi je me mail*, dirigée par François Sorel et diffusée sur la radio RMC le 5 octobre 2012.

Source 3: 🔍
Introduction

Dans cette sélection il s'agit des exportations en haute technologie de Belgique, de France, du Luxembourg, et de Suisse. Le graphique original a été publié en 2011 par EuroStat.

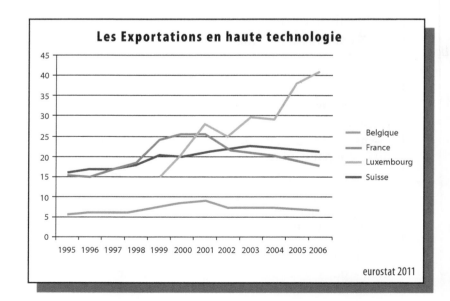

TIPS AND TRICKS CHECKLIST

Chapter	Tip	Trick
0	Identify the register	Choose *tu* or *vous*
	Begin and end well	Practice your introductions
		Practice your closing
4	Read the outline well	Underline the type of response
		Determine if your response will be affirmative or negative
		Brainstorm details on the outline
5	Speak for 20 seconds	STOP speaking when you hear the tone

TIP: SPEAK FOR 20 SECONDS

Trick: Brainstorm details on the outline

As you're reading the outline, jot down words (not sentences) that might help you during the recorded speaking. If you include verbs, go ahead and conjugate them so you do not use an infinitive by mistake during your conversation. Elaborate and imagine creative, specific details that highlight your linguistic strengths. Some sections of the outline will be easier than others. For example: «*Parlez des types de musique que vous préférez.*» You would jot down a list like this:

- hip hop – Beyoncé, Usher, Michael Jackson
- le rythme, aime danser
- la mode – vêtements cool

However, «*Donnez et soutenez votre opinion sur l'activité proposée.*» is a bit more difficult because you don't know what the proposed activity is. Don't worry if you don't have notes for every response!

Trick: STOP speaking when you hear the tone

Even if you are not finished with your sentence, you should stop speaking as soon as you hear the tone. You will miss part of the conversation if you're still chatting away when the speaker begins their part of the conversation.

 ECRIRE

Faites une liste de mots utiles pour chaque question.

1. Parlez de votre appareil numérique préféré.

2. Parlez de votre journée typique et de la manière dont vous l'organisez.

3. Quelles sont vos priorités à l'école et à la maison?

C'est à vous

OPTION 1: Complete the task.

OPTION 2: Practice the introduction and closing, jot down helpful notes in the outline. Then practice responding to each question for 20 seconds with various partners.

You will participate in a conversation. First, you will have 1 minute to read a preview of the conversation, including an outline of each turn in the conversation. Afterward, the conversation will begin, following the outline. Each time it is your turn to speak, you will have 20 seconds to record your response. You should participate in the conversation as fully and appropriately as possible.

Vous allez participer à une conversation. D'abord, vous aurez une minute pour lire une introduction à cette conversation qui comprend le schéma des échanges. Ensuite, la conversation commencera, suivant le schéma. Quand ce sera à vous de parler, vous aurez 20 secondes pour enregistrer votre réponse. Vous devriez participer à la conversation de façon aussi complète et appropriée que possible.

Introduction

C'est une conversation avec Amina, une copine qui voudrait acheter un appareil numérique et vous demande des conseils. Vous participez à cette conversation parce que vous en avez plusieurs.

Amina	• Elle vous salue et vous informe qu'elle a une question.
Vous	• Dites que vous avez le temps et que vous aimeriez l'aider si possible.
Amina	• Elle vous demande ce que vous pensez de votre ordinateur portable.
Vous	• Donnez deux raisons pour lesquelles vous aimez cet ordinateur et parlez d'une caractéristique qui ne vous plaît pas.
Amina	• Elle vous demande ce que vous pensez de votre nouvelle tablette numérique.
Vous	• Dites-lui combien vous adorez la tablette et expliquez pourquoi avec plusieurs exemples.
Amina	• Elle vous demande de recommander l'un ou l'autre appareil.
Vous	• Recommandez un appareil de préférence à l'autre et expliquez pourquoi vous faites cette recommandation.
Amina	• Elle vous remercie et dit qu'elle vous verra le week-end prochain si vous allez à la soirée chez Sandrine.
Vous	• Dites au revoir et assurez-lui que vous la verrez le week-end prochain.

Presentational Speaking: Cultural Comparison

TIPS AND TRICKS CHECKLIST

Chapter	Tip	Trick
0	Find the appropriate register	Stay formal
4	Start well	Address your audience and announce the topic
		Know the directions
	Manage your time	Provide a summary statement
	Close well	Stay structured
5	Outline a developed response	Use transitional phrases

Trick: Stay structured

The two minutes will fly by, so it is important to have a plan. Always write out this outline with words and phrases, but no full sentences. If you are including verbs, conjugate them ahead of time so you eliminate the risk of erroneously using an infinitive in your speech.

OPENING:

State the viewpoints of both cultures
Viewpoint 1 (your culture)
2-3 Examples

TRANSITION

Viewpoint 2 (francophone culture)
2-3 Examples

CLOSING

ECRIRE

Pouvez-vous dessiner le plan de la réponse suivante?

Dans les écoles francophones, les langues étrangères sont plus intégrées qu'aux États-Unis. En Géorgie, il y a des écoles maternelles qui offrent l'option d'étudier l'espagnol, mais pas toutes. En général, les lycées ont des cours d'espagnol, de français et de latin; la majorité des élèves choisit l'espagnol. En général seulement deux ans de cours de la même langue sont obligatoires pour terminer ses études au lycée. Il ne faut étudier qu'une langue étrangère. De l'autre côté, dans le monde francophone, les langues étrangères sont beaucoup plus importantes dans le système scolaire. Dans toutes les écoles maternelles, on doit commencer la première langue. Typiquement c'est l'anglais, mais cela dépend du pays et de la région. On continue ses études de première langue jusqu'à la fin de ses études. Après avoir choisi sa voie en 3ᵉ, on peut continuer avec une autre langue si le choix de voie l'offre comme cours. Il y a également la possibilité de faire un stage à l'étranger. Par exemple, ma cousine Pauline parle l'anglais, l'allemand, et bien sûr le français. Elle est allée en Angleterre pendant deux semaines pour un stage à l'hôpital. En conclusion, les langues étrangères sont beaucoup moins communes aux Etats-Unis que dans le monde francophone.

Trick: Use transitional phrases

Comparative vocabulary is essential. Be sure to include connectors and transitions between sentences. *The French discuss politics with family and friends. In America, politics can be uncomfortable to discuss in a social setting.* While these two sentences are great, they would be better if joined by a transitional word like **whereas.** To brush up on your transition words, refer to chapter 2.

PARLER

C'est à vous

OPTION 1: Complete the task.

OPTION 2: Create an outline with transitional phrases to respond to the prompt.

You will make an oral presentation on a specific topic to your class. You will have 4 minutes to read the presentation topic and prepare your presentation. Then you will have 2 minutes to record your presentation. In your presentation, compare your own community to an area of the French speaking world with which you are familiar. You should demonstrate your understanding of cultural features of the French-speaking world. You should also organize your presentation clearly.

Vous allez faire un exposé pour votre classe sur un sujet spécifique. Vous aurez 4 minutes pour lire le sujet de présentation et préparer votre exposé. Vous aurez alors 2 minutes pour l'enregistrer. Dans votre exposé, comparez votre propre communauté à une région du monde francophone que vous connaissez. Vous devriez montrer votre compréhension des facettes culturelles du monde francophone. Vous devriez aussi organiser clairement votre exposé.

Sujet de la présentation:

Décrivez les nouvelles technologies en salle de classe aux États-Unis et comparez-les à celles dont on dispose [celles dont on dispose en] en Europe et en Afrique francophone.

L'esprit écolo

Pensons vert!

OBJECTIF

Faire le tri dans sa vie

1. ECRIRE

Dans la liste des mots donnés ci-dessous, identifiez les objets qui sont fabriqués avec les matières suggérées ci-contre.

un pot	un pneu	une bouteille de vin
un journal	une bouteille de shampooing	une canette de coca
un flacon de parfum	une boîte de comprimés	une boîte de conserve
un élastique à cheveux	une étagère	une boîte en carton
une cuillère	un bocal	un vase

Quels sont les objets...

1. en bois
2. en verre
3. en papier
4. en plastique
5. en métal
6. en aluminium
7. en caoutchouc

Anne – Arnaud, merci de m'aider à ranger le grenier et le sous-sol. J'en ai marre! C'est vraiment le bazar! On commence par lequel des deux?

Arnaud – T'inquiète pas, Maman. On va s'en sortir! Commençons par le grenier. On va faire le tri: à garder, à recycler, à réemployer, ou à jeter.

Anne – Regarde – deux vieilles chaises que des amis nous ont offertes à notre mariage il y a 20 ans. Qu'est-ce qu'on en fait?

Arnaud – Elles sont confortables … si j'en prenais une pour ma chambre? Je préfère la réutiliser au lieu de la jeter.

Anne – Tu veux laquelle, donc? Celle-ci ou celle-là?

Arnaud – Celle-là – elle est plus grande. Et regarde, tout un carton de bocaux à conserve. Tata Béa m'a dit qu'elle compte faire de la confiture ce week-end. Je lui en donnerai.

Anne – Mais, elle n'a pas besoin de tout ça! Tu lui donnes lesquels?

Arnaud – Voyons … seulement ceux qui ont des couvercles. Je peux recycler les autres. Le verre se recycle facilement.

Anne – De tous mes enfants, tu es celui qui pense le plus à l'environnement, Arnaud.

Arnaud – Je suis très fier d'être le plus écoresponsable de la famille! … Ouah! Ces photos sont magnifiques! Qui les a prises?

Anne – Celles-là … ta grand-mère, je dirais.

Arnaud – Je peux prendre celles qui montrent le centre-ville de Lyon à l'époque? Je fais un projet sur Lyon pour mon cours d'histoire.

Anne – Tiens … voici un vieil album dans lequel tu pourras mettre celles que tu choisiras.

2. LIRE ECRIRE

Relisez le dialogue entre Arnaud et sa mère. Trouvez les pronoms de la liste ci-contre et crivez relevez dans le dialogue le mot ou les mots auxquels chaque pronom se réfère. Ensuite donnez le sens du pronom dans son contexte.

pronom	référence dans le contexte	sens en anglais
lequel		
laquelle		
lesquels		
lesquelles		
celui		
celle		
ceux		
celles		

Le pronom *lequel*

- **se réfère à un antécédent qui le précède dans le contexte**
- **varie en genre et en nombre en fonction de son antécédent**

lequel (m./sing.)
laquelle (f./sing.)
lesquels (m./pl.)
lesquelles (f./pl.)

Le pronom *interrogatif* **lequel**:
- permet de choisir dans un ensemble.
  exemple: Il y a trois verres. Lequel est à mon mari? (which one)

Le pronom *relatif* **lequel**:
- se réfère à quelque chose déjà présent dans le contexte et fonctionne comme le pronom *que*, mais avec une préposition.
  exemples: Voici le carton **dans lequel** j'ai rangé mes livres. (in which)
  C'est la poubelle **sur laquelle** elle a marqué 'plastique'. (on which)

Attention: le pronom se contracte avec les prépositions *à* ou *de*.

à + lequel = auquel	**de + lequel = duquel**
à + laquelle = à laquelle	**de + laquelle = de laquelle**
à + lesquels = auxquels	**de + lesquels = desquels**
à + lesquelles = auxquelles	**de + lesquelles = desquelles**

exemples: Le centre de recyclage près duquel j'habite n'accepte plus l'aluminium.
(près de + lequel = près duquel)
Les questions auxquelles tu penses sont très importantes.
(à + lesquelles = auxquelles)

Le pronom démonstratif *celui*

- **remplace un nom qui le précède dans le contexte**
- **varie en genre et en nombre en fonction de son antécédent**

celui (m./sing.)
celle (f./sing.)
ceux (m./pl.)
celles (f./pl.)

Le pronom **celui** employé avec un suffixe indique la proximité de l'objet mentionné.
  exemple: Ces deux verres sont différents. **Celui-ci** est bleu et **celui-là** est vert.
(this one/that one)

Le pronom **celui** employé avec la préposition *de* peut indiquer la possession.
  exemple: Les nouvelles voitures hybrides m'ont l'air très intéressantes, mais **celle** de Noémie est beaucoup plus rapide que **celle** de Laure. (Noémie's/Laure's)

Le pronom **celui** peut être suivi d'un pronom relatif (qui, que, dont, où).
  exemple: Nous avons beaucoup de politiciens qui se battent pour l'environnement.
Ceux que j'aime le plus sont les verts. (the ones)

3. ECRIRE

Terminez les phrases avec le pronom *celui* à la forme qui convient.

1. Les matières recyclables sont meilleures que _____ qui ne le sont pas.

2. Si on parle du bois, _____ que je préfère, c'est l'érable.

3. _____-ci sont noirs, mais _____-là sont jaunes.

4. Quelle voiture est la plus écolo? _____ de Corinne.

5. La poubelle pour les objets recyclables, c'est _____ qui est verte.

4. ECRIRE

Terminez les phrases avec le pronom *lequel* à la forme qui convient.

1. La raison pour _____ la famille recycle, c'est qu'ils pensent à l'avenir de leurs petits-enfants.

2. Elle adore les deux vases en bois, mais _____ préfère-t-elle?

3. J'ai compris les réponses de pratiquement tous les jeunes, qui sont de très bons candidats pour notre groupe. Mais Cédric, Cédric, la réponse _____ je n'ai pas compris n'est pas du tout écoresponsable.

4. Qui a posé toutes ces boîtes en carton devant ma porte? C'est le monsieur _____ l'immeuble appartient.

5. ECRIRE

Écrivez deux phrases avec les pronoms du groupe *celui* et deux phrases avec les pronoms du groupe *lequel*. Employez le vocabulaire de l'environnement et utilisez les pronoms dans des contextes variés, selon les exemples du Point de Grammaire précédent.

1. _____

2. _____

3. _____

4. _____

POINT CULTURE

L'accélération de la croissance démographique mondiale conjuguée à une raréfaction de certaines matières premières nous obligent à repenser nos modes de production et de consommation. Pour un nombre croissant d'adeptes, cela signifie passer d'une économie linéaire (« extraire, fabriquer, jeter ») à une économie circulaire, c'est-à-dire une économie du recyclage, de la réparation et du réemploi, qui minimise au maximum les impacts environnementaux de la production comme de la consommation. Il s'agit d'utiliser nos ressources de manière optimale pour consommer moins mais aussi et surtout pour consommer mieux.

Extrait de: *98% des français ont déjà donné une seconde vie à un objet* (http://www.notre-planete.info/)

6.  PARLER

Réemployons les déchets! Tout le monde met à la poubelle des objets qui qui pourraient être réemployés. Pensez à ceux que vous jetez, puis proposez une deuxième vie pour ces objets.

Modèle: Je pourrais réemployer un journal pour emballer un cadeau.

Le réemploi, une pratique de plus en plus populaire

Comment le consommateur peut-il réduire significativement la quantité de déchets qu'il produit et participer ainsi à la mise en place d'une économie circulaire ? Les français semblent déjà bien informés, puisqu'en 2010 ils sont 98% à avoir déjà donné une seconde vie à un objet quelconque. Ainsi, le réemploi n'est plus exclusivement associé à des situations de grande pauvreté et se pare d'une image positive, celle du consommateur « malin ». La crise économique que nous traversons n'est pas étrangère à cette évolution des modes de consommation: l'inflation (une augmentation des prix de 23% entre début 2000 et fin 2011) a incité beaucoup de français à se tourner vers d'autres circuits que ceux de la distribution classique, afin de réaliser des économies substantielles. Il existe aujourd'hui en France près de 5000 structures de réemploi:

- Les ressourceries fédérées en un réseau et qui réparent les objets pour leur donner une seconde vie.
- Les sites de vente aux enchères et de petites annonces: Le bon coin, E-bay, Price Minister, Consoglobe, Recupe, Donnons, etc.
- Les vides-grenier et brocantes très populaires.
- Les dépôts-ventes.
- Les revendeurs: easy cash, eurocash, cash converters, la caverne des particuliers, Gibert Joseph, etc.
- Les entreprises de réinsertion: Emmaüs, La Croix Rouge, le Secours Populaire...

Pour autant, le réemploi n'est pas exempt de risques

Dans le cas d'un achat par Internet ou en vide-grenier, comment s'assurer du bon fonctionnement d'un réfrigérateur? La vente d'occasion entre particuliers ne permet pas la délivrance de garanties, c'est pourquoi beaucoup préfèrent se tourner vers leur famille, leurs amis ou voisins. Ainsi, les appareils électroménagers et le matériel informatique peinent à trouver une seconde vie, tandis que les livres, les CDs, les DVDs, les jeux et les articles de décoration sont les grands gagnants du réemploi. Ces pratiques doivent donc être encouragées car elles permettent de réduire sensiblement la quantité de déchets que nous produisons et permettent d'économiser parfois pas mal d'argent.

Attention toutefois aux limites de ces pratiques, parfois inefficaces voire contre-productives sur le plan environnemental. Entre les fausses bonnes idées et les arnaques, il est parfois difficile de s'y retrouver. Voici quelques situations dont il faut se méfier:

- Les déplacements inutiles: faire 30 km en voiture pour acheter un tee-shirt à bas prix n'est certainement pas idéal sur le plan écologique.
- Les prix d'appels faussés: certains vendeurs affichent des prix très bas pour attirer d'éventuels acheteurs puis modifient celui-ci au moment de la vente ou la refusent.
- Le receveur absent: étonnant et pourtant courant, certaines transactions non commerciales n'aboutissent pas car l'intéressé ne se déplace pas pour récupérer l'objet...
- Les arnaques: ne donnez jamais vos coordonnées bancaires en dehors d'un formulaire sécurisé (et en aucun cas votre code). Attention aussi à l'envoi de paiement par chèque, rien ne vous assure que vous recevrez l'objet convoité en retour!
- Le guet-apens: dans une société toujours plus violente, il faut se méfier des offres trop alléchantes qui peuvent masquer des tentatives de vols et d'agressions.

Toutefois, le réemploi est sans conteste une solution intéressante et d'avenir lorsqu'il est avantageux pour toutes les parties. D'autant plus qu'il minimise effectivement notre impact sur l'environnement.

Extraits de: *98% des français ont déjà donné une seconde vie à un objet* (http://www.notre-planete.info/)

7.  **LIRE**

Répondez aux questions de compréhension qui portent sur le texte précédent.

1. Y a-t-il un rapport entre la pauvreté et le réemploi? Expliquez.

2. Donnez quelques exemples de différentes façons de réutiliser un objet.

3. Quelles sont les situations auxquelles il faut faire attention quand on entreprend de donner une deuxième vie à un objet?

4. Pour qui le réemploi est-il le plus avantageux? Pour celui qui donne l'objet ou celui qui le reçoit?

🎧 L'écoresponsabilité

8.  **ECOUTER** **ECRIRE**

Écoutez l'extrait audio et écrivez les mots qui manquent.

1. Avez-vous trop d'objets non-utilisés chez vous?

   Ne _____ pas!

   _____ à quelqu'un qui en a besoin!

2. Jetez-vous trop de déchets qui sont recyclables?

   _____!

3. Ne savez-vous pas ce qu'il faut faire pour recycler?

   _____ et _____ dans la bonne poubelle!

4. Habitez-vous avec quelqu'un qui n'est pas écoresponsable?

   _____ de changer ses habitudes et _____ à comprendre les différents modes de réduction, réemploi et recyclage.

5. Alors, voyons si vous avez compris . . .

   Vous avez une bouteille en verre dont vous n'avez plus besoin. Qu'est-ce que vous en faites?

   Oui . . . ne _____ pas! _____ ou _____! Bravo – vous êtes écolo!

9. **LIRE** **PARLER**

Examinez les verbes de vos réponses aux questions de l'exercice précédent. Quelle est la forme de ces verbes? Y a-t-il une différence entre la forme affirmative et la forme négative? Si oui, laquelle? Discutez-en avec un partenaire.

benevole atmosphérique écolo ve
tremblement de terre trier
déchets réchauffement

POINT
RAPPEL

L'impératif

L'impératif se forme à partir des formes *tu*, *nous*, et *vous* du présent de l'indicatif.

Pour les verbes en *–er*, la forme *tu* n'a pas de *–s* à l'impératif.

Réutilise ce bocal!
Réduisons nos déchets!
Recyclez tout ce que vous utilisez!

Pour les verbes être et avoir on utilise les formes *tu*, *nous*, et *vous* du subjonctif.

être	avoir
sois	aie
soyons	ayons
soyez	ayez

L'impératif avec un pronom complément d'objet direct ou indirect

A la forme affirmative, le pronom d'objet direct suit le verbe et on se sert d'un trait d'union.

Exemple: Dis-leur d'arrêter de jeter le plastique!
Aidez-moi! (*me* et *te* deviennent *moi* et *toi* A la forme affirmative)
Prenez-les au centre de recyclage!

A la forme négative, le pronom d'objet direct ou indirect précède le verbe.

Exemple: Ne leur dis pas d'arrêter de jeter le plastique!
Ne m'aidez pas!
Ne les apportez pas au centre de recyclage!

POINT
LEXIQUE

coller	to glue
découper	to cut out
couper	to cut
dessiner	to draw/design
le pistolet à colle	glue gun
le scotch	scotch tape
le ruban adhésif	tape
les ciseaux	scissors
la corde	rope
le fil	string
une agrafeuse	stapler
une punaise	push pin
une épingle de sûreté	safety pin

10. PARLER

Apportez de chez vous des petits objets dont vous n'avez plus besoin (un rouleau de papier de toilette, du fil, du tissu, du papier utilisé, etc.) Pensez à 'une deuxième vie' pour ces objets. Avec ce que vous avez apporté, faites une oeuvre d'art, un nouvel objet utile ou un cadeau pour un ami. A l'oral ou à l'écrit, donnez les étapes que vous avez suivies pour faire ces transformations en utilisant l'impératif avec des pronoms d'objets directs ou indirects.

Modèle: Découpez des petits coeurs avec des ciseaux. Attachez-les avec du fil pour faire un joli collier.

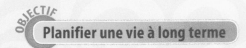
Chère Aurore,

BONNE FÊTE! J'espère que tu passes une belle journée d'anniversaire avec ta famille et tes amis. Je veux aussi répondre aux questions que tu m'as posées dans ta dernière lettre au sujet de l'empreinte écologique. Peut-être as-tu de la difficulté à comprendre ce que c'est. Imagine un pied qui s'enfonce dans un sable humide: il laisse une trace. L'être humain est comme le pied: ses comportements laissent une trace sur notre environnement.

L'empreinte écologique est une estimation de la superficie de cette trace. On la calcule entre autres en nombre de terrains écologiquement productifs de 100 m sur 100 m (c'est un peu plus grand qu'un terrain de soccer). Le nombre de terrains nécessaires pour produire ou renouveler les ressources naturelles qu'il faut pour satisfaire nos besoins équivaut à l'empreinte écologique d'une personne, d'une ville, d'un pays ou même

du monde entier. Tout va bien tant que nous ne prenons pas plus que ce que la Terre peut fournir.

Tu sais Aurore, aujourd'hui, pour satisfaire nos besoins, on utilise les ressources naturelles à une telle rapidité que la nature n'arrive plus à suivre le rythme. La conséquence? On consomme les ressources 20 % plus vite qu'elles ne se renouvellent!

C'est comme si à chaque fois qu'on coupait 10 arbres, on n'en replantait que 8... Si on continue comme ça, on risque d'épuiser toutes les ressources disponibles. Les scientifiques calculent qu'actuellement chaque humain dispose, en théorie, de 1,9 terrain écologiquement productif pour satisfaire ses besoins. Le hic? Si on fait une moyenne, on utilise chacun la valeur de 2,3 terrains! La Terre n'a pas autant à nous offrir à chacun. En fait, si on continue ainsi, il faudrait deux planètes de plus pour répondre à nos besoins à long terme. Mais attention, ce n'est qu'une moyenne! Dans les pays riches comme le Canada ou les États-Unis, l'empreinte écologique est 5 à 6 fois plus importante que dans les pays moins favorisés. Regarde ce tableau et tu constateras que l'empreinte varie beaucoup d'un pays à l'autre.

Pays	Empreinte écologique (par habitant)
États-Unis	Plus de 10 terrains
Canada	8,84 terrains
France	5,3 terrains
Gabon	2,12 terrains
Inde	0,77 terrain

Maintenant, tu te demandes sûrement si tous les habitants d'un pays ont la même empreinte écologique. La réponse est non. Ton mode de vie influence beaucoup ton empreinte écologique. Si tu as besoin d'un exemple pour mieux comprendre, je t'invite à jeter un coup d'oeil sur les deux fiches que je t'ai envoyées avec cette lettre.

Je te laisse là-dessus. J'espère t'avoir bien renseignée. J'attends ta prochaine lettre avec impatience!

À bientôt,
Jahia

http://www.mddep.gouv.qc.ca/jeunesse/chronique/2004/0410-jahia.htm

Documents joints par Jahia:

Sur la pointe des pieds...

J'habite en ville dans un appartement confortable que je partage avec ma famille. Comme je vis proche de mon lieu de travail, je voyage à vélo. Pour les déplacements plus longs, j'utilise généralement les transports en commun.

J'achète de préférence de la nourriture produite dans ma région et je choisis des produits qui ne sont pas suremballés. Je pense à éteindre la lumière lorsque je quitte une pièce et je préfère me vêtir chaudement plutôt que de chauffer davantage mon logement. Je me lave une fois par jour en prenant une courte douche.

Le soir, ma famille et moi jouons à des jeux de société, faisons du sport et regardons un peu la télévision.

Le pied lourd...

J'habite seul, en banlieue, et je voyage dans mon véhicule utilitaire sport. Puisque je vis loin de mon lieu de travail et des commodités telles que l'épicerie, mes déplacements sont fréquents.

J'achète tous les aliments qui me font envie, peu importe la saison ou la provenance. Le soir, je laisse allumées les lumières extérieures de mon domicile : elles mettent en valeur la grande maison que j'ai fait construire. Frileux de nature, je maintiens la température de ma maison à 24° C nuit et jour.

Je clavarde souvent sur Internet tout en regardant la télé. J'aime prendre un bain chaud le soir et me doucher longuement le matin.

---

1. LIRE ECRIRE

Lisez la lettre de Jahia et les deux documents joints et répondez aux questions suivantes.

1. Qu'est-ce que c'est qu'une empreinte écologique?
2. Quels exemples de ressources naturelles sur terre pouvez-vous donner?
3. Qu'est-ce que vous faites pour conserver ces ressources?

2. ECRIRE

Donnez quelques exemples qui entrent dans les catégories suivantes:

Modèle: recyclage – plastique, métal, papier, etc.

logement

alimentation

loisir

déplacements

consommation d'eau

consommation d'électricité

Choisissez une seule réponse par question et additionnez les points:

Total empreinte maison : + _____ Total empreinte déchets : + _____

Total empreinte déplacements : + _____ Total empreinte alimentation : + _____

Total empreinte école : + _____ = _____

QUELLE EST VOTRE EMPREINTE ÉCOLOGIQUE?

DANS MON HABITATION, IL Y A:
- 1 chambre/pers. + cuis. + salon 0
- 1 chambre/pers. + cuis. + salon + 1 autre pièce 11
- 1 chambre/pers. + cuis. + salon+ 2 autres pièces au moins 20

EN HIVER, CHEZ MOI, LES GENS PORTENT LE PLUS SOUVENT:
- un gros pull de laine -13
- un pull léger -6

MON HABITATION EST-ELLE CHAUFFÉE SURTOUT:
- avec du fioul -5
- avec du gaz -27
- avec de l'électricité 16
- avec du bois -80
- je ne sais pas 0

JE LAISSE MES APPAREILS ÉLECTRIQUES EN MODE VEILLE:
- jamais -2
- peu souvent -1
- le plus souvent

Empreinte maison

MES PARENTS UTILISENT DES APPAREILS À FAIBLE CONSOMMATION D'EAU OU D'ÉNERGIE (LAVE VAISSELLE, LAVE LINGE…) :
- rarement 2
- assez souvent 0
- le plus souvent possible -1
- toujours -2

QUAND JE ME LAVE, JE PRENDS LE PLUS SOUVENT:
- une douche avec un robinet pour réguler la température -6
- une douche 0
- un bain le plus souvent 37
- un bain toujours 73

J'HABITE DANS:
- un appartement -32
- une maison qui touche d'autres maisons 0
- une maison qui ne touche pas d'autres maisons 14
- autres 0

Empreinte alimentation

JE MANGE DES PRODUITS LOCAUX OU DE SAISON:
- toujours -7
- le plus souvent possible -4
- de temps en temps -2
- rarement ou jamais 0
- je ne sais pas 0

JE MANGE DE LA VIANDE OU DU POISSON:
- jamais ou rarement - 33
- 2 ou 3 fois par semaine - 30
- 1 fois par jour - 23
- 2 fois par jour 0

JE BOIS DE L'EAU EN BOUTEILLE OU DU SODA:
- toujours 3
- souvent 0
- de temps en temps -1
- je bois surtout de l'eau du robinet -3

JE MANGE DES PLATS SURGELÉS OU EN CONSERVE:
- toujours 16
- le plus souvent possible 9
- de temps en temps 0
- rarement ou jamais -16
- je ne sais pas 0

JE CONSOMME DE PRÉFÉRENCE DES PRODUITS AU FORMAT FAMILIAL ET/OU AVEC AUSSI PEU D'EMBALLAGES QUE POSSIBLE:
- toujours 16
- le plus souvent possible -8
- de temps en temps 0
- rarement ou jamais 16
- je ne sais pas 0

Empreinte déplacements

LA VOITURE DE MES PARENTS EST:
- un 4X4 93
- un monospace 46
- une sportive 70
- une grande routière 57
- une familiale moyenne ou une citadine 0
- nous n'avons pas de voiture -102

POUR ALLER À L'ÉCOLE ET EN REVENIR, J'UTILISE:
- la voiture (mes parents m'amènent) 4
- le bus 0
- le métro, le RER ou le TER 0
- un vélo ou mes jambes -2

Empreinte école

JE CHOISIS DES CAHIERS OU DES COPIES EN PAPIER RECYCLÉ:
- oui -1
- non 0

JE FINIS MES CRAYONS ET MES STYLOS AVANT D'EN ACHETER D'AUTRES:
- oui 0
- non -1

Empreinte déchets

MA FAMILLE PRATIQUE LE TRI SÉLECTIF:
- oui -10
- non 0

A LA MAISON, MA FAMILLE JETTE EN MOYENNE:
- plus de 1 sac poubelle par jour 63
- 1 sac poubelle par jour 0
- 2 à 3 sacs poubelles par semaine -32
- moins de 2 sacs poubelle par semaine 64
- je ne sais pas 0

Votre total est compris entre:	Votre empreinte écologique est d'environ:
- 400 et – 300 points	3,6 terrains de foot
- 300 et – 200 points	4,2 terrains de foot
- 200 et – 100 points	4,8 terrains de foot
- 100 et 0 points	5,4 terrains de foot
- 0 points	6 terrains de foot
100 et 200 points	6,3 terrains de foot
200 et 300 points	6,9 terrains de foot
300 et 400 points	7,5 terrains de foot

Votre empreinte écologique est inférieure à 4,5 terrains de foot:

Bravo! Vous êtes bien au-dessus de la moyenne nationale (environ 5,8 terrains de foot). Pour vous, il n'y a qu'une seule terre et il faut la protéger. Si tout le monde faisait comme vous, la planète se porterait déjà beaucoup mieux. N'oubliez pas d'informer vos parents et vos amis pour que la petite rivière devienne un grand fleuve!

Votre empreinte écologique est comprise entre 4,5 et 6,5 terrains de foot:

C'est bien: vous préférez la verdure aux ordures mais vous ne savez pas toujours comment agir. Pourtant, vous êtes conscient que la planète, c'est l'affaire de tous et vous vous sentez responsable de son avenir. Alors, n'attendez plus pour agir, c'est très simple!

© WWF France

Votre empreinte écologique est supérieure à 6,5 terrains de foot:

Aïe, aïe, aïe…Nous n'avons qu'une seule planète et si tout le monde faisait comme vous, nous aurions besoin de 2 planètes supplémentaires pour que nous puissions tous vivre ensemble. La bonne nouvelle, c'est qu'il est possible de changer dès aujourd'hui pour être plus en harmonie avec la nature, car un petit pas pour l'homme, c'est toujours un grand pas vers la planète…

---

3. **PARLER**

Calculez votre empreinte écologique et présentez vos résultats.

1. Êtes-vous surpris par les résultats?
2. Dans quelle catégorie avez-vous le plus de succès?
3. Dans quelle catégorie pouvez-vous apporter le plus d'améliorations?

POINT RAPPEL

Vous souvenez-vous de l'imparfait et du conditionnel? Sinon, révisez un peu les chapitres 0 et 3!

POINT GRAMMAIRE

Les propositions avec *si*

If we *saw* the effects of deforestation, we *would recycle*.

Proposition avec *si* = imparfait
Le résultat potentiel = conditionnel

Si nous *voyions* les effets du déboisement, nous *recyclerions*.

Si tu *habitais* en Europe, tu *consommerais* moins d'essence.

Les gens *donneraient* plus d'argent *si* l'association *était* plus organisée.

4. **PARLER** **ECRIRE**

Avec vos partenaires, identifiez la catégorie dans laquelle vous pouvez apporter le plus d'améliorations. Puis, faites une liste de cinq phrases en utilisant des propositions avec « si » pour expliquer les améliorations que vous feriez. Partagez votre liste avec la classe.

5. **ECRIRE**

Choisissez un des sujets suivants et élaborez votre réponse en un paragraphe.

- Si vous aviez le pouvoir de créer une loi en faveur de l'environnement, qu'est-ce que vous proposeriez comme projet de loi?
- Si vous aviez la capacité de changer la manière de vivre de votre famille, qu'est-ce que vous changeriez? Donnez plusieurs idées.
- Si vous aviez la capacité de changer un aspect de votre ville en ce qui concerne l'environnement, qu'est-ce que vous changeriez?

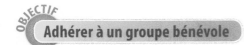

Adhérer à un groupe bénévole

1.

Avant de regarder la vidéo, répondez aux questions suivantes. Discutez vos réponses avec la classe.

1. Connaissez-vous des groupes bénévoles? Lesquels?
2. Quels sont les buts ou les missions de ces groupes?
3. Qu'est-ce que le covoiturage?
4. Avons-nous le covoiturage aux Etats-Unis?

2.

Les effets du covoiturage. Classez les éléments ci-dessous dans l'une des deux catégories suivantes: *bénéfices* ou *risques*.

- réduire les dépenses de carburant
- avoir une panne
- la diminution des embouteillages
- la diminution de la pollution
- des passagers désagréables
- la diminution des accidents de la route
- partager des frais
- moins de liberté pour le conducteur
- la possibilité de partager des dialogues, des expériences, etc.

bénéfices	risques

3.

Répondez aux questions suivantes d'après le vidéoclip.

Quels sont les trois inconvénients de faire la route tout seul?

Quels sont les trois avantages du covoiturage ?

Qu'est-ce que le conducteur (Alex) met sur le site covoiturage.fr?

Le covoiturage, c'est un service gratuit ?

Les passagers, que font-ils pendant le trajet ?

Avec certains verbes qui se suivent dans une seule phrase, il faut ajouter une préposition entre les deux verbes. La préposition employée dépend du premier verbe.

Verbes suivis par *à*	Verbes suivis par *de*
aider à = to help to	arrêter de = to stop
apprendre à = to learn to	conseiller de = to advise
s'attendre à = to expect to	craindre de = to fear
chercher à = to seek to	décider de = to decide to
commencer à = to begin to	défendre de = to forbid to
consentir à = to agree to	demander de = to ask to
continuer à = to continue to	dire de = to tell/say to
enseigner à = to teach	empêcher de = to prevent from
forcer à = to compel someone to	essayer de = to try to
hésiter à = to hesitate to	finir de = to finish
inviter à = to invite to	menacer de = to threaten
se mettre à = to begin to	offrir de = to offer to
passer (son temps) à = to spend one's time	oublier de = to forget
penser à = to think about doing	permettre quelqu'un de = to allow someone to
réussir à = to succeed at/in	prier de = to beg, pray to
	promettre de = to promise to
	proposer de = to propose
	refuser de = to refuse to
	regretter de = to be sorry for
	répéter de = to repeat
	risquer de = to risk
	rêver de = to dream of
	venir de = to have just

Exemples: Mon frère <u>refuse *de* sortir</u> les poubelles – ça m'agace!

Ses copines <u>commencent *à* aider</u> les gens dans leur association.

Nous <u>risquons *d'*abîmer</u> notre planète pour toujours.

N'oubliez pas que d'autres verbes n'exigent aucune préposition dans le cas de deux verbes qui se suivent dans une phrase, notamment les verbes de désir (aimer, adorer, espérer, désirer, détester), les verbes modaux (pouvoir, vouloir, devoir), et le verbe *aller*.

Exemples: Nous <u>adorons faire</u> des projets d'art avec des objets recyclés.

Je <u>veux trouver</u> des gens avec qui je peux faire du covoiturage.

4. **ECRIRE**

Terminez les phrases avec la préposition convenable: *à*, *de*, ou aucune préposition.

1. Je continue _____ recycler le papier.
2. Nous avons arrêter _____ acheter de l'eau en bouteille.
3. Tu peux _____ minimiser ton empreinte écologique.
4. Je vais commencer _____ faire du tri.
5. J'aime _____ améliorer l'environnement.
6. J'oublie _____ conserver de l'énergie.
7. Je dois _____ me joindre à un groupe bénévole.

8. Vous avez décidé _____ recycler le journal.
9. Tu espères _____ changer l'avenir de notre planète.
10. Nous essayons _____ faire du covoiturage si possible.
11. Ils apprennent _____ vivre la vie verte.
12. Elle refuse _____ utiliser les tasses en plastique.
13. Tu vas _____ être écoresponsable.
14. On veut _____ trier davantage.

5. **ECRIRE** **PARLER**

Complétez le texte avec les prépositions manquantes, si nécessaire. Puis, traduisez le texte en anglais à l'oral.

La mission du Programme des Nations Unies pour l'environnement est de montrer la voie et d'encourager la coopération pour protéger l'environnement. Elle se doit aussi d'être une source d'inspiration et d'information pour les Etats et les populations et un instrument de facilitation leur permettant _____ améliorer la qualité de leur vie sans toutefois compromettre celle des générations à venir. Il essaie _____ trouver un équilibres entre la conservation et le développement. Il hésite _____ exclure parfois certaines formes de développement pour les populations indigènes ou nouvellement arrivées. Par exemple, au parc national de Garamba en République Démocratique du Congo, il commence _____ construire un hôpital pour améliorer les services de santé pour le personnel du parc ainsi que les communautés locales.

http://www.unep.org/french/

6.  **PARLER**

Avec un partenaire, faites une liste de cinq actions qu'on pourrait entreprendre pour améliorer l'environnement. Employez des verbes qui exigent des prépositions.

7.  **PARLER** **ECRIRE**

Quels problèmes écologiques sont importants pour vous? Pourquoi? Discutez-en avec votre groupe.

8. **LIRE** **ECRIRE**

Regardez les groupes ci-contre. Qui/que représentent-ils? Faites des recherches et choisissez celui que vous préférez. Expliquez votre choix à l'écrit.

www.wwf.fr   http://www.hsi.org/french/francais.html

http://msf.fr/   http://www.restosducoeur.org/

9. **ECRIRE** **PARLER**

Choisissez un groupe bénévole qui partage vos intérêts, ou même imaginez votre propre groupe. Créez une publicité pour votre groupe en employant un minimum de 5 exemples de verbe + préposition + verbe.

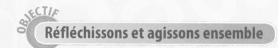

Réfléchissons et agissons ensemble

Lisez la conversation entre Arnaud et son grand-père, Jacques. Arnaud parle de son avenir et Jacques parle de son passé.

Arnaud – Salut, Papi! Comment ça va?

Jacques – Pas mal, Arnaud. Merci de m'avoir appelé. Ça fait plaisir de t'entendre.

Arnaud – En cours on a parlé du bénévolat. J'ai beaucoup réfléchi et ça m'intéresse beaucoup. Une fois le bac terminé, j'aimerais faire du volontariat. Dans ma tête je le vois comme ça: Quand j'aurai 20 ans, j'aurai déjà fait partie d'un groupe bénévole qui s'engage à mieux prendre en compte l'environnement. Puis quand j'aurai 30 ans, j'aurai créé ma propre association pour la protection de l'environnement. Qu'est-ce que tu en penses, Papi? Je t'appelle car je sais que tu as créé une association récemment.

Jacques – Je suis très fier de toi, Arnaud. Tu penses à ton avenir et à ce que tu pourras apporter aux autres et à la planète. Si tu me le permets, je vais te donner quelques conseils à ce sujet. Si j'avais eu le temps de commencer plus jeune, mon association aurait aidé plus de personnes. J'étais si occupé avec ma vie et mon boulot que je ne pensais pas assez aux autres. Tu as raison de commencer jeune! Et si j'avais pu, je serais parti dans d'autres pays pour monter des associations de bénévoles. Je n'étais pas en bonne santé, alors j'ai dû rester en France.

Arnaud – Merci, Papi. Ça donne à réfléchir. J'ai de la chance de t'avoir dans ma vie!

1.

Lisez la conversation entre Arnaud et Jacques puis écrivez ce qu'Arnaud compte faire à l'avenir en ordre chronologique. Recopiez les verbes comme ils sont conjugués dans le passage.

1. Arnaud: avoir 20 ans / faire partie d'un groupe bénévole

   première action:

   deuxième action:

2. Arnaud: avoir 30 ans / créer une association

   première action:

   deuxième action:

2.

Lisez la conversation entre Arnaud et Jacques. Quels sont les deux regrets principaux de son grand-père et pourquoi n'a-t-il pas réalisé ces deux possibilités? Recopiez les verbes comme ils sont conjugués dans le passage.

1.

2.

Les temps et les modes composés

Tout comme le passé composé, le futur antérieur, le plus-que-parfait, et le conditionnel passé sont tous composés de deux éléments: un verbe auxiliaire (VA) et un participe passé (PP).

Si le verbe principal prend le verbe auxiliaire *avoir* au passé composé, il prend également le verbe *avoir* aux autres temps et modes composés. C'est aussi le cas pour le verbe auxiliaire *être*.

Le futur antérieur (temps)
will have verbed

Le futur antérieur marque l'antériorité. Il indique une action qui aura lieu avant une deuxième action qui aura lieu dans l'avenir. Ce temps se forme à l'aide d'un verbe auxiliaire au futur simple et un participe passé.

Exemples: Quand elle <u>aura terminé</u> l'année scolaire, elle fera du bénévolat.

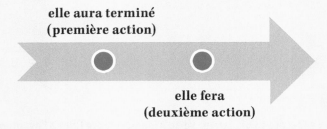

**elle aura terminé
(première action)**

**elle fera
(deuxième action)**

Quand nous rentrerons de vacances, le camion poubelle <u>sera</u> déjà <u>passé</u>.

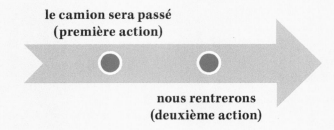

**le camion sera passé
(première action)**

**nous rentrerons
(deuxième action)**

Le plus-que-parfait (temps)
had verbed

Le plus-que-parfait marque également l'antériorité. Il indique une action qui a lieu avant une deuxième action dans le passé. Ce temps se forme à l'aide d'un verbe auxiliaire à l'imparfait et un participe passé.

Exemples: Nous <u>avions</u> déjà <u>travaillé</u> dans le recyclage quand nous avons ouvert le centre

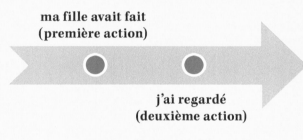

Nous avions travaillé
(première action)

nous avons ouvert
(deuxième action)

J'ai regardé dans les poubelles et ma fille <u>avait</u> déjà <u>fait</u> le tri! =)

ma fille avait fait
(première action)

j'ai regardé
(deuxième action)

Le conditionnel passé (mode)
would had verbed

Le conditionnel passé sert à exprimer un reproche ou un regret. Il indique une supposition imaginaire ou hypothétique qui n'a pas eu lieu. Ce mode se forme à l'aide d'un verbe auxiliaire au conditionnel et un participe passé.

Exemples: Elle <u>aurait aimé</u> fonder une association
Tu <u>serais allée</u> au Cameroun.

Les propositions avec *si*
If I had verbed, I would have verbed.

Le plus-que-parfait et le conditionnel passé peuvent s'employer dans une même phrase avec la conjonction si pour exprimer une condition hypothétique (plus-que-parfait) et le résultat potentiel de cette condition (conditionnel passé).

Si plus-que-parfait, conditionnel passé:
Exemples: Si nous <u>avions vu</u> les effets du déboisement, nous <u>aurions recyclé</u>.
If we had seen the effects of deforestation, we would have recycled.

Nous <u>serions partis</u> s'ils n'<u>avaient</u> pas <u>annoncé</u> le tremblement de terre.
We would have left if they hadn't announced the earthquake.

3. **ECRIRE**

Répondez en phrases complètes. Qu'est-ce que vous aurez fait pour améliorer l'environnement avant l'âge de:

1. 25 ans
2. 40 ans
3. 50 ans

4. **ECRIRE** **PARLER**

Soulignez les verbes et identifiez le temps ou le mode des verbes. Ensuite traduisez-les en anglais à l'oral.

1. Si vous aviez recyclé, vous auriez eu une meilleure empreinte écologique.
2. Si j'avais eu le temps, je l'aurais fait.
3. Si elle avait su, ma grand-mère aurait fait du tri.
4. S'ils avaient le temps, ils le feraient.
5. Si elle savait, ma grand-mère ferait du tri.
6. Si vous recycliez, vous auriez une meilleure empreinte écologique.

5. **ECRIRE**

Finissez les phrases suivantes au temps ou au mode qui convient.

1. Si je buvais moins d'eau en bouteille…
2. Si nous étions riche…
3. Si tout le monde avait recyclé depuis le début…
4. Si nous avions su en 1800…

6. **ECRIRE**

Qu'est-ce que vous auriez fait si vous étiez vivant:

1. à l'invention de la voiture
2. à la découverte du trou d'ozone
3. à l'invention de l'imprimerie

7. **ECRIRE**

Écrivez deux paragraphes.

1. Imaginez que votre premier enfant vient de naître. Vous lui parlez de son avenir et de ce que vous espérez pour lui dans sa vie. Écrivez en employant le registre informel (à la forme tu, comme si vous lui parliez directement), le futur et le futur antérieur.
2. Imaginez que vous avez 100 ans, vous décidez de changer certains aspects de votre façon de vivre. Vous regrettez quelques-uns des chemins que vous avez pris. Si vous aviez décidé de changer plus tôt, qu'est-ce que vous auriez fait?

Saviez-vous que la coccinelle est un porte-bonheur en France?

Préparez-vous pour l'examen

TIPS AND TRICKS CHECKLIST

Chapter	Tip	Trick
0	Pre-read	Pre-read title and introduction to make predictions
	Overcome unknown vocabulary	Use prefixes and suffixes
		Look for familiar etymology
	Read quickly	Read everyday
4	Read critically	Identify the 5 Ws
		Identify the register
	Find your reading purpose	read questions ahead of time so you can read with purpose
5	Connect the passage to the purpose	underline key sentences
	Don't overlook the details	Don't leave answers blank
6		Look for synonyms in answers
		Watch out for exclusive answers
		Don't pick the most complicated answer

TIP: DON'T OVERLOOK THE DETAILS

Trick: Don't leave answers blank

You only get credit for the questions you answer correctly. Points are not deducted for incorrect answers or unanswered questions. This means you should never leave a question unanswered. Guessing is an art, so perfect your skills! Answer the easiest questions first. Then, be sure to remember that most questions follow the order of the passage. Knowing this might help you identify the section of the passage that answers the question. Last but not least, use the process of elimination. Don't worry if you guess incorrectly; you are no worse off than just leaving it blank, so go for it!

Trick: Look for synonyms in answers

Often times the answer is not the exact word or phrase used in the passage. Instead, the question will contain a synonym of a word from the reading.

Trick: Watch out for exclusive answers

Answers that contain the words always or never are dangerous, and they're typically not correct. Beware if you see an answer with *toujours* or *jamais*. If the text does not explicitly state these frequencies, those answers are likely a trick.

Trick: Don't pick the most complicated answer

As a language learners, we are all impressed by complicated answers. The writers of the exam know this, and sometimes they will include complicated responses to trick you. Don't pick an answer just because you don't know what it means.

C'est à vous

Complete the task while strategically answering questions based on the tips and tricks provided in this lesson.

The following text is accompanied by a number of questions. For each question, choose the response that is best according to the selection.

La sélection suivante est accompagnée de plusieurs questions. Pour chaque question, choisissez la meilleure réponse selon la sélection.

Introduction : Dans la sélection suivante, il s'agit du Festival africain sur l'écologie et le développement durable. Ce document a été publié en 2009 et vient du site www.festival-écologie.com.

1. Quel est le but de l'article?

   a. vendre de l'eau

   b. vendre un forfait touristique dans un pays francophone

   c. attirer des participants à l'évènement

   d. créer une association écologique

2. Ce festival a-t-il lieu souvent?

   a. tous les mois de mai depuis des décénnies

   b. c'est la première fois

   c. c'est la seconde fois

   d. le document ne nous le dit pas

3. Quel serait l'un des thèmes de ce festival d'après son titre?

   a. trouver une solution qui soit stable

   b. de la publicité pour les produits du Marocdôme

   c. les arbres abattus de la forêt Bouskoura

   d. se réjouir de l'approvisionnement d'eau au Maroc

4. Quel contraste n'est pas explicite dans ce document?

   a. long terme / court terme

   b. fermeture éclair / bouton pression

   c sec / mouillé

   d. mer / forêt

5. Quel est l'organisme responsable de l'organisation et de la production de cet évènement?

   a. l'association Casablanca

   b. Marocdôme

   c. la forêt de Bouskoura

   d. www.festival-ecologie.com

TIPS AND TRICKS CHECKLIST

Chapter	Tip	Trick
0	Pre-read	Pre-read title and introduction to make predictions
		Read questions ahead of time
		Underline key sentences
4	Find your purpose	Take detailed notes on the audio
	Connect the passage to the purpose	Know the test instructions by heart
	Read quickly	Answer passage-specific questions first
5	Manage your time wisely	Refocus during the pause between readings
		Don't panic
6	Don't overlook the details	Don't leave answers blank
		Look for synonyms in answers
		Watch out for exclusive answers
		Don't pick the most complicated answer

TIP: DON'T OVERLOOK THE DETAILS

Trick: Don't leave answers blank

You only get credit for the questions you answer correctly. Points are not deducted for incorrect answers or unanswered questions. This means you should never leave a question unanswered. Guessing is an art, so perfect your skills! Answer the easiest questions first. Then, be sure to remember that most questions follow the order of the passage. Knowing this might help you identify the section of the passage that answers the question. Last but not least, use the process of elimination. Don't worry if you guess incorrectly; you are no worse off than just leaving it blank, so go for it!

Trick: Don't pick the most complicated answer

As a language learner, we are all impressed by complicated answers. The writers of the exam know this, and sometimes they will include complicated responses to trick you. Don't pick an answer just because you don't know what it means.

Trick: Watch out for exclusive answers

Answers that contain the words always or never are dangerous, and they're typically not correct. Beware if you see an answer with *toujours* or *jamais*. If the text does not explicitly state these frequencies, those answers are likely a trick.

Trick: Look for synonyms in answers

Often times the answer is not the exact word or phrase used in the passage. Instead, the question will contain a synonym of a word from the reading.

ECRIRE

C'est à vous

Complete the task while strategically answering questions based on the tips and tricks provided in this lesson.

You will read a passage and listen to an audio selection. For the reading selection, you will have a designated amount of time to read it. For the audio selection, first you will have a designated amount of time to read a preview of the selection as well as to skim the questions that you will be asked. The selection will be played twice. After listening to the selection the first time, you will have 1 minute to begin answering the questions; after listening to the selection the second time, you will have 15 seconds per question to finish answering the questions. For each question, choose the response that is best according to the audio and/or reading selection and mark your answer on your answer sheet.

Vous allez lire un passage et écouter une sélection audio. Pour la lecture, vous aurez un temps déterminé pour la lire. Pour la sélection audio, vous aurez d'abord un temps déterminé pour lire une introduction et pour parcourir les questions qui vous seront posées. La sélection sera présentée deux fois. Après avoir écouté la sélection une première fois, vous aurez 1 minute pour commencer à répondre aux questions; après avoir écouté la sélection une deuxième fois, vous aurez 15 secondes par question pour finir de répondre aux questions. Pour chaque question, choisissez la meilleure réponse selon la sélection audio ou la lecture et indiquez votre réponse sur votre feuille de réponse.

Source 1:

Introduction: Cette sélection vient du site www.livenet.fr. par Audrey. L'article a été publié le 24 février 2009.

La cuisine moléculaire, une cuisine écolo?

A Prague, le chef cuisinier Marc Veyrat, épaulé par Zdenek Rajnis, espère bien révolutionner la gastronomie en mélangeant les concepts d'écologie et de cuisine moléculaire.

Son projet, ou plutôt son incroyable pari est de mettre au point à Prague, un restaurant « laboratoire » spécialement destiné à la cuisine moléculaire.

Ligne

5 Cet homme, passionné de cuisine, mais également fervent écolo, espère bien faire naître de son idée un « restaurant écologique ».

Au menu de son restaurant qui s'appellera « L'auberge de la clairière », Marc imagine des assiettes à base de produits de la forêt (champignons, baies, herbes), de fleurs, et bien entendu de produits bio.

Cependant, l'un des marchands qui sera chargé d'alimenter le restaurant en primeurs n'est pas très 10 convaincu par le concept. Pour lui le « bio » c'est surtout pour les pays « riches », et Prague n'en fait pas partie, et ne lui parlons même pas de cuisine moléculaire car le brave homme ne sait pas du tout ce que cela signifie.

Mais l'équipe de Marc Veyrat est confiante, pour eux Prague est en plein éveil, le niveau de la vie devient plus élevé et les habitants commencent à avoir des goûts de plus en plus « haut de gamme ».

15 Ce restaurant apporterait un plus pour la Tchéquie, en faisant découvrir l'art de bien manger et surtout de manger sain et original.

Le projet a pris un peu de retard avec la crise économique actuelle, mais la notoriété de Marc Veyrat aidant, les investisseurs sont motivés et la construction du restaurant devrait bientôt démarrer sur le terrain militaire désaffecté qui a été choisi pour être réhabilité.

Source 2: Sélection Audio

Introduction: Dans cette sélection audio il s'agit de l'avenir de la nourriture sur la Terre. Cet extrait audio vient de «Comment nourrir la planète, demain?» de Francis Duriez, Rungis Actualités, écrit par Bruno Parmentier, Philippe Chalmin, Hervé Guyomard et Bernard Hubert.

1. Selon l'extrait audio, quel changement sera nécessaire dans les pays développés en ce qui concerne la nourriture?
   a. améliorer le système de stockage
   b. consommer moins
   c. augmenter la production
   d. transporter plus de produits à l'intérieur du pays

2. Selon le passage, qu'est-ce que l'on ne verra pas dans le restaurant écolo de Marc Veyrat?
   a. des morilles
   b. du romarin
   c. des fruits de mer
   d. des framboises

3. Dans l'extrait audio, que veulent dire les mots «une traque de gâchis»?
   a. on a peur
   b. mieux surveiller la progression de la cuisson
   c. transporter la nourriture le plus rapidement possible
   d. il faut moins de gaspillage

4. Quelle est la conclusion de l'extrait audio?
   a. il y aura toujours des crises de la faim sur la planète
   b. les êtres humains devraient pouvoir gérer le problème de la faim dans le monde
   c. le problème principal serait le manque de savoir dans le domaine de la biologie moléculaire
   d. le projet de développement durable sera difficile à gérer

5. Selon le passage, pourquoi le marchand critique-t-il l'endroit qu'a choisi Marc Veyrat pour ce nouveau restaurant?
   a. les gens des pays moins fortunés connaissent moins bien les produits bio
   b. il n'a jamais vraiment apprécié la cuisine moléculaire
   c. Prague a déjà trop de restaurants nouvelle vague
   d. la crise économique actuelle représente une menace sérieuse

l'espace public de l'hyper-centre de la Région, à savoir pas du tout là où le besoin automobile pourrait se justifier…

25 Les véhicules électriques rechargeables sont eux aussi une fausse bonne idée… quand on sait qu'il faudra plusieurs heures, en fin de journée, pour recharger simultanément des milliers de batteries, y compris l'hiver lors des pics de consommations énergétiques qui surchauffe le réseau… là encore, Autolib' est à contre temps de la sobriété énergétique dont nous devons faire preuve, et n'a donc 30 rien d'écologique…

Autolib' n'a rien de révolutionnaire non plus… Qu'y a t'il de révolutionnaire à prendre un véhicule à un endroit donné et le laisser à destination ? Les taxis assurent ce service depuis un siècle… dans des conditions parfois difficiles et pour des tarifs peu attractifs, c'est vrai… mais imaginons un moment que les 50M€ investis par la Ville de Paris et toutes les contributions des collectivités franciliennes soient consacrées à l'amélioration et à la démocratisation de l'offre de taxi.

35 Il y avait là un vrai gisement d'emplois et de service public, à l'échelle de toute l'Ile de France et pas seulement d'une cinquantaine de communes… D'autres services intéressants et innovants existent aussi depuis quelques années : ce sont des services d'autopartage, qui permettent sur abonnement de réserver et d'utiliser des véhicules à la demande. Bref, Autolib' n'invente rien de bien nouveau… et une fois la folie médiatique retombée, les lendemains pourraient bien déchanter!

40 En fait, aujourd'hui, Autolib' pourrait surtout rapidement se révéler **inutile et inadapté** – en tout cas, il est permis de se demander par quelle étude de marché sérieuse on propose d'implanter 19 stations dans notre ville, avec potentiellement 112 véhicules disponibles… et un abonnement de base de 140€ par an, auquel s'ajoute les coûts d'utilisation…

En tout cas, Autolib' a d'ores et déjà **un coût… pour les collectivités adhérentes** au Syndicat Mixte puisque, la délibération technique qui nous est proposée le rappelle,

45 la communauté d'agglomération va devoir débourser pas moins de 450 000 € pour le financement de 8 des 19 stations cristoliennes (la même chose pour les stations d'Alfortville et de Limeil…), le reste étant pris en charge par la Région, qui ferait mieux de les consacrer à l'offre de transports public… Un tel coût est-il vraiment justifié, pour un service au mieux marginal et au pire défaillant…?

Franchement, l'amélioration de la mobilité de nos concitoyens mérite mieux que cette vaste entreprise de 50 «greenwashing» du groupe Bolloré.

A l'heure où notre ville bénéficie d'une amélioration de l'offre de transport considérable, dont nous nous réjouissons tous, c'est un message vraiment paradoxal que l'on adresse aux cristoliens.

Vous l'aurez compris… nous ne voterons pas cette délibération car nous sommes convaincues qu'Autolib' n'est pas un bon projet…

Source 2: Sélection Audio 🎧
Introduction

Dans cette sélection audio il s'agit également d'Autolib'. Ce podcast s'intitule «Autolib' voit la vie en rose», vient du site www.frequenceterre. com, et date du 31 octobre 2012. Vous entendrez la voix de Jean-Brice Senegas qui pose les questions.

Source 3: 🔍
Introduction

Dans cette sélection il s'agit des tarifs d'Autolib'. Ces informations viennent du site www.autolib.fr.

catégorie 1: Renault Twingo, Toyota Aygo et Citroën C1	
prise en charge	2,10
par heure, de 7h à 23h	2,10
par heure, de 23h à 7h	gratuit
forfait 24h	21,00
par kilomètre	0,40
à partir de 100 km	0,24

catégorie 2 : Renault Kangoo, Citroen Berlingo	
prise en charge	2,10
par heure de 7h à 23h	2,52
par heure de 23h à 7h	gratuit
forfait 24h	25,20
par kilomètre	0,47
à partir de 100 km	0,29

catégorie 3 : Citroën C4 Picasso	
prise en charge	2,10
par heure de 7h à 23h	3,50
par heure de 23h à 7h	gratuit
forfait 24h	35,00
par kilomètre	0,63
à partir de 100 km	0,39

TIPS AND TRICKS CHECKLIST

Chapter	Tip	Trick
0	Identify the register	Choose tu or vous
	Begin and end well	Practice your introductions
		Practice your closing
4	Read the outline well	Underline the type of response
		Determine if your response will be affirmative or negative
		Brainstorm details on the outline
5	Speak for 20 seconds	Refocus during the pause between readings
		STOP speaking when you hear the tone
6	Give a polished answer	Self-correct
		Make your conversation sound real

TIP: GIVE A POLISHED ANSWER

Trick: Self-correct

Everyone makes mistakes, even AP students. Did you know you're allowed to make mistakes on the exam without being penalized? All you need to do is correct yourself. There is even a section on the grading rubric to assess if your self-correction aided the listener's comprehension. If you want to self-correct (and you should), include these three helpful phrases:

- I mean   *Je veux dire*
- I meant to say   *Je voulais dire*
- Excuse me   *Pardon/Excusez-moi*

Trick: Make your conversation sound real

The readers will always ask if the conversation felt authentic. If you're not animated in your response, or if your response is overly boring, your score will reflect that. Be sure to use voice inflection when speaking. Also, use the brainstorming notes you took in your outline to make a personal connection. Throw in personal details to make the listener feel as though you're talking to a real person, not just a computer microphone.

Trick:

Employ the most sophisticated grammar and vocabulary that you have mastered. To earn a 5, sophisticated structures like the subjunctive must be spoken correctly in unrehearsed situations like this task. Do not try to use grammar and vocabulary that are new or unfamiliar.

C'est à vous

Complete the task.

<table>
<tr>
<td>You will participate in a conversation. First, you will have 1 minute to read a preview of the conversation, including an outline of each turn in the conversation. Afterward, the conversation will begin, following the outline. Each time it is your turn to speak, you will have 20 seconds to record your response. You should participate in the conversation as fully and appropriately as possible.</td>
<td>Vous allez participer à une conversation. D'abord, vous aurez une minute pour lire une introduction à cette conversation qui comprend le schéma des échanges. Ensuite, la conversation commencera, suivant le schéma. Quand ce sera à vous de parler, vous aurez 20 secondes pour enregistrer votre réponse. Vous devriez participer à la conversation de façon aussi complète et appropriée que possible.</td>
</tr>
</table>

Introduction

C'est une conversation avec Youssef, un copain. Vous participez à cette conversation parce que vous êtes en train de créer un nouvel éco-club, et vous voulez l'inviter à y participer.

Youssef	• Il vous salue et vous informe de la raison de son appel.
Vous	• Parlez d'un nouvel éco-club que vous êtes en train de créer dans votre lycée.
Youssef	• Il exprime son intérêt et pose une question sur le but de ce projet.
Vous	• Expliquez deux buts que vous avez pour ce projet.
Youssef	• Il parle des activités 'vertes' qu'il préfère, et il exprime son opinion sur le recyclage à l'école
Vous	• Parlez des genres d'activités vertes que vous préférez.
Youssef	• Il parle des activités potentielles qu'il projette de faire.
Vous	• Donnez et soutenez votre opinion sur l'activité proposée.
Youssef	• Il promet de vous contacter bientôt avec des détails.
Vous	• Dites au revoir et assurez-lui que vous le verrez bientôt.

Presentational Speaking: Cultural Comparison

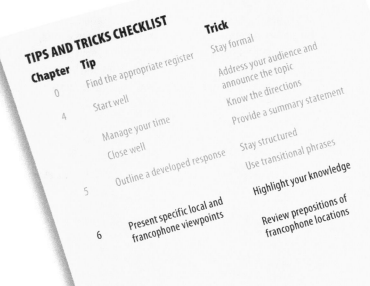

TIPS AND TRICKS CHECKLIST

Chapter	Tip	Trick
0	Find the appropriate register	Stay formal
4	Start well	Address your audience and announce the topic
		Know the directions
	Manage your time	Provide a summary statement
	Close well	
	Outline a developed response	Stay structured
5		Use transitional phrases
		Highlight your knowledge
6	Present specific local and francophone viewpoints	Review prepositions of francophone locations

Trick: Highlight your knowledge

Do not try to invent dates and details; speaking in French is hard enough when you know the facts. Be smart when choosing the details you include in your response. Choose examples that highlight what you know, not what you wish you knew. For example, if the prompt asks you to compare unemployment in the U.S. to that of the francophone world, first ask yourself what you know about unemployment in any French-speaking country. Don't assume your answer has to be about France. Perhaps you read an article about Canadian unemployment or work conditions in Switzerland. The details you include from your prior knowledge will impress the judges, so be sure to show off what you know in your response.

Trick: Review prepositions of francophone locations

When prepositions are incorrectly employed, it can sound like fingernails on a chalkboard to a native speaker. To keep the judges focused on the content of your answer, be sure you remember the rules about referring to a country in French.

Feminine Country (ends in –e): en   *Masculine Country (doesn't end in-e): au*

Exceptions: le Belize, le Cambodge, le Mexique, le Mozambique, le Zaïre, le Zimbabwe

Remember that masculine countries beginning with a vowel will also take 'en'.
Examples: en Israël, en Irak

C'est à vous

Complete the task.

You will make an oral presentation on a specific topic to your class. You will have 4 minutes to read the presentation topic and prepare your presentation. Then you will have 2 minutes to record your presentation. In your presentation, compare your own community to an area of the French speaking world with which you are familiar. You should demonstrate your understanding of cultural features of the French-speaking world. You should also organize your presentation clearly.	Vous allez faire un exposé pour votre classe sur un sujet spécifique. Vous aurez 4 minutes pour lire le sujet de présentation et préparer votre exposé. Vous aurez alors 2 minutes pour l'enregistrer. Dans votre exposé, comparez votre propre communauté à une région du monde francophone que vous connaissez. Vous devriez montrer votre compréhension des facettes culturelles du monde francophone. Vous devriez aussi organiser clairement votre exposé.

Sujet de la composition:

Quelle est l'attitude des gens de votre communauté envers la protection de l'environnement? Comparez vos observations avec celles d'une communauté francophone que vous connaissez.

Vocabulaire

Abréviations

abréviation	catégorie grammaticale
adj.	adjectif
adv.	adverbe
f.	féminin
fig.	figuratif
fam.	familier
m.	masculin
n.	nom
pl.	pluriel
prep.	préposition
v.	verbe

français	catégorie grammaticale	anglais

Chapitre 0

français	catégorie grammaticale	anglais
amical(e)	adj.	amiable, friendly
axé(e) sur les gens	adj.	people-centered
candidature	n.f.	candidacy
chaleur	n.f.	heat
coeur	n.m.	heart
compétence	n.f.	skill
contrôle	n.m.	test, check
créer	v.	to create
curriculum vitae (CV)	n.m.	resumé
date de naissance	n.f.	date of birth
devoir	n.m.	homework, duty
domicile	n.m.	house, dwelling place
emploi	n.m.	job, employment, use
en bonne entente	adv.	in harmony
innovateur (-trice)	adj.	innovative
intérêt	n.m.	interest
joueur (-euse)	n.m. (n.f.)	player
joyeux (-euse)	adj.	happy, joyous
lieu de naissance	n.m.	birthplace
nom	n.m.	last name, noun
plaisir	n.m.	pleasure
prénom	n.m.	first name
prudent(e)	adj.	careful, prudent
raison	n.f.	reason
réalisateur (-trice)	n.m. (n.f.)	film director
résultat	n.m.	results
rêve	n.m.	dream
spontané(e)	adj.	spontaneous
tendresse	n.f.	tenderness

Chapitre 1

français	catégorie grammaticale	anglais
agenda	n.m.	planner

français	catégorie grammaticale	anglais
argumenter	v.	to argue
bac	n.m.	exam at end of high school
bachoter	v.	to cram
bilan	n.m.	skills assessment
brevet	n.m.	certificate earned after middle school
bulletin (de notes)	n.m.	grade report
cancre	n.m.	dunce
cantine	n.f.	school cafeteria
chemise	n.f.	folder
classeur	n.m.	binder
conseil de classe	n.m.	teacher/parent/student representative meeting to discuss school progress of all students
contrôle	n.m.	test, check
devoir surveillé	n.m.	test
échec	n.m.	failure
écolo	adj.	green, environmentally conscious
écriture	n.f.	handwriting
éducatif (-ive)	adj.	educational
effacer	v.	to erase
emploi du temps	n.m.	schedule
enfant prodige	n.m.	child prodigy
étiquette adhésive	n.f.	label
étudiant(e)	n.m. (n.f.)	student
fiche navette	n.f.	liaison form
formation	n.f.	training, schooling
fourniture	n.f.	supply
frais scolaires	n.m.pl.	student fees
interroger	v.	to question, to test
lycée	n.m.	high school
maître	n.m.	male elementary teacher
maîtresse	n.f.	female elementary teacher
meilleur(e)	adj.	better, best
mieux	adj.	better, best
note	n.f.	grade, score
numérique	adj.	digital
pire	n.m.	worst
pochette	n.f.	document protector
privé(e)	adj.	private
prof	n.m./n.f.	teacher
questionner	v.	to question
rabat	n.m.	flap
redoubler	v.	to repeat a class/grade
rouleau	n.m.	roll (of tape, paper)
scolaire	adj.	school

français	catégorie grammaticale	anglais
stylo bille	n.m.	ballpoint pen
stylo plume	n.m.	fountain pen
trombone	n.m.	paper clip
voie	n.f.	track, career path

Chapitre 2

français	catégorie grammaticale	anglais
aérien (-ienne)	adj.	air
atterrissage	n.m.	landing
billetterie	n.f.	ticket office, ticket machine
camembert	n.m.	pie chart
courbe	n.f.	curve, line
d'abord	adv.	at first
décollage	n.m.	take-off
durée	n.f.	duration
enfin	adv.	finally
ensuite	adv.	then
étranger	n.m.	foreigner, foreign countries
faire la valise	v.	to pack the suitcase
gare	n.f.	train station
graphique	n.m.	graphic, graph, chart
Guide du Routard	n.m.	well-known travel guide
histogramme	n.m.	bar graph
horaire	n.m.	schedule (bus, plane, train)
jusqu'à	prep.	until
nier	v.	to deny
pense-bête	n.m.	reminder
pile	adv.	sharp, on the dot (for time)
pourcentage	n.m.	percentage
puis	adv.	then
quai	n.m.	train platform
quant à	prep.	regarding, as for
rater	v.	to miss (bus, plane, train)
TGV	n.m.	high speed train
trajet	n.m.	trip, route
valider	v.	to validate
vers	prep.	toward
vis-à-vis	adv.	toward, about

Chapitre 3

français	catégorie grammaticale	anglais
congé payé	n.m.	paid leave
démissioner	v.	to quit
disponibilité	n.f.	availability
embaucher	v.	to hire
emploi	n.m.	job, employment
entretien	n.m.	interview
esclave	n.m.	slave
formulaire	n.m.	form
horaire	n.m.	hours for a job
licencier	v.	to fire
patron	n.m.	boss
personnel de vente	n.m.	sales employees
petit boulot	n.m.	part-time job
petites annonces	n.f.	want ads
pointer	v.	to clock in
postuler	v.	to apply (for a job)
précarité	n.f.	job insecurity
salaire brut	n.m.	gross salary
salaire net	n.m.	net (take home) salary
salarié(e)	n.m. (n.f.)	salaried worker
SMIC	n.m.	minimum wage
stage	n.m.	internship
syndicat	n.m.	labor union
télétravail	n.m.	telecommuting

Chapitre 4

français	catégorie grammaticale	anglais
amant(e)	n.m. (n.f.)	lover
âme soeur	n.f.	soulmate, kindred spirit
amitié	n.f.	friendship
amour	n.m.	love
amoureux (-euse)	adj.	in love
amours	n.f.	loves
arc	n.m.	bow
avenir	n.m.	future
battement de coeur	n.m.	heartbeat
bise	n.f.	kiss
bisous	n.m.	kiss (child language)
bonheur	n.m.	happiness
cadenas	n.m.	padlock
câlin	n.m.	hug
casser	v.	to break
chéri(e)	adj.	cherished, dear
coeur	n.m.	heart
compagne	n.f.	female companion
compagnon	n.m.	male companion
conjoint(e)	n.m. (n.f.)	spouse
correspondant(e)	n.m. (n.f.)	penpal
coup de coeur	n.m.	very favorite
coup de foudre	n.m.	love at first sight

Vocabulaire

français	catégorie grammaticale	anglais	français	catégorie grammaticale	anglais
draguer	v.	to try to pick up	logiciel	n.m.	software
dragueur (-euse)	n.m. (n.f.)	pick-up artist	mail	n.m.	email
embrasser	v.	to kiss	maîtriser	v.	to master, handle, control
épouser	v.	to marry	marche	n.f.	on
être pacsé(e)	v.	to have a registered civil partnership	menacé(e)	adj.	threatened
			moteur de recherche	n.m.	browser
être toqué(e) de quelqu'un	v.	to have a crush on someone	numérique	adj.	digital
			ordi	n.m.	computer (fam.)
flamme	n.f.	flame, love (fig.)	ordinateur	n.m.	computer
flèche	n.f.	arrow	pavé tactile	n.m.	touchpad
kiffer	v.	to dig (like)(fam.)	pièce jointe	n.f.	attachment
partager	v.	to share	plagiat	n.m.	plagiarism
rencontre	n.f.	meeting, encounter	portable	n.m.	cell phone
rompre	v.	to break, break up	poste de travail	n.m.	desktop
se marier	v.	to marry	présentation du nom	n.f.	caller ID
toquade	n.f.	crush	prise	n.f.	electrical outlet
			réseau	n.m.	network
			s'abonner	v.	to subscribe
			sauvegarder	v.	to save (data)

Chapitre 5

français	catégorie grammaticale	anglais	français	catégorie grammaticale	anglais
abonnement	n.m.	subscription	SMS	n.m.	email
allumer	v.	to turn on (a device)	souris	n.f.	mouse
appel	n.m	call	supprimer	v.	to delete
appli	n.f.	application (fam.)	synchroniser	v.	to sync
appuyer sur	v.	to press	tableau blanc interactif	n.m.	smartboard
arobase (@)	n.m.	arobase, at	tablette numérique	n.f.	digital tablet
arrêt	n.m	off	taper	v.	to type
AZERTY	N/A	European keyboard	télécharger	v.	to download/upload
boîte de réception	n.f.	inbox	téléphone fixe	n.m.	landline
botte	n.f.	boot	texto	n.m.	text message
brouillon	n.m	draft	touche	n.f.	button
bulle de BD	n.f.	speech bubble	traducteur (-trice)	n.m. (n.f.)	translator
citoyen(ne)	n.m. (n.f.)	citizen			
clavier	n.m	keyboard			
cliquer	v.	to click			

Chapitre 6

français	catégorie grammaticale	anglais	français	catégorie grammaticale	anglais
corbeille	n.f.	trash			
courriel	n.m.	email	adhérer	v.	to join (a group)
déverrouiller	v.	to unlock (a device)	agir	v.	to act, to take action
disparition	n.f.	disappearance	agrafeuse	n.f.	stapler
écran tactile	n.m.	touchscreen	alimentation	n.f.	food
effacer	v.	to erase	bénévole	adj.	voluntary
envoyer	v.	to send	bocal	n.m	jar
étape	n.f.	stage, step	bois	n.m.	wood
éteindre	v.	to turn off (a device)	boîte	n.f.	box, can
fichier	n.m.	file	boîte de conserve	n.f.	canned good
filtrer	v.	to screen (a call)	canette	n.f.	can
gérer	v.	to manage	caoutchouc	n.m.	rubber
glisser	v.	to slide, to drag	ciseaux	n.m.pl.	scissors
internaute	n.m./n.f.	Internet user	coccinelle	n.f.	ladybug

français	catégorie grammaticale	anglais	français	catégorie grammaticale	anglais
coller	v.	to glue	verre	n.m.	glass
consommation	n.f.	consumption	vert	adj.	green
corde	n.f.	rope	volontariat	n.m.	volunteering
couche ozone	n.f.	ozone layer			
couper	v.	to cut			
coûteux (-euse)	adj.	costly			
covoiturage	n.m.	carpooling			
cuillère	n.f.	spoon			
déboisement	n.m.	deforestation			
déchet	n.m.	waste			
découper	v.	to cut out			
déplacement	n.m.	travel, moving, shifting			
dessiner	v.	to draw			
disparition des espèces	n.f.	extinction			
écolo	adj.	green, environmentally conscious			
écoresponsable	adj.	environmentally conscious			
effet de serre	n.m.	greenhouse effect			
élastique	n.m.	rubber band			
empreinte carbone	n.f.	carbon footprint			
épingle de sûreté	n.f.	safety pin			
étagère	n.f.	shelf			
fil	n.m.	string			
flacon	n.m.	bottle			
gaspiller	v.	to waste			
inondation	n.f.	flood			
inutile	adj.	useless			
journal	n.m.	newspaper			
le ruban adhésif	n.m.	tape			
logement	n.m.	housing			
loisir	n.m.	leisure			
parfum	n.m.	perfume			
pistolet à colle	n.m.	gluegun			
planifier	v.	to plan			
pneu	n.m.	tire			
pollution sonore	n.f.	noise pollution			
pot	n.m.	jar			
punaise	n.f.	pushpin, tack			
réchauffement de la terre	n.m.	global warming			
recyclage	n.m.	recycling			
recycler	v.	to recycle			
réduire	v.	to reduce			
réemployer	v.	to reuse			
ressource	n.f.	resource			
tarif	n.m.	price			
terrain	n.m.	field			
tri	n.m.	sorting			
trier	v.	to sort			

Droits de reproduction

Every effort has been made to determine copyright owners.
In the case of any omissions, the publisher will be happy to make suitable acknowledgement in future editions.

List of images, graphics, text, audio, and video excerpts in Order of Appearance.

Chapitre 0

Language register examples
© http://www.enseignons.be/secondaire/preparations/2981-registres-de-langue

MyBook Profil d'Arnaud © David Johnson

MyBook Profil de Haylie © David Johnson

True Colors - A la découverte de qui je suis © Optimist Club International, design David Johnson

CV d'Arnaud © David Johnson

Advanced Placement directions (throughout) © College Board

Laurent Jamet, réalisateur: il filme l'émotion des sports extrêmes
© http://www.réussirmavie.net/Laurent-Jamet-il-filme-l-emotion-des-sports-extremes_a1072.html.

Extrait de L'Identité Manifeste © Philippe Jean Poirier (http://identitequebecoise.org/L-Identite-Manifeste.html)

Bertrand le québécois © Brittany Waack
(http://www.youtube.com/watch?v=rEwPcfB5tAs&feature=youtu.be)

Sommes-nous tous devenus franglais? © Jean-Rémi Baudot
(http://www.frenchinlondon.com/blog-francais-londres/2009/04/sommes-nous-tous-devenus-franglais/)

Le franglais – Circonscription de Laurier-Dorion © Jean Bouchard
(http://laurierdorion.c.pq.org/blogue/le-franglais)

Niveau de connaissance de la meilleure langue étrangère
© Eurostat 2007 (http://www.ec.europa.eu/eurostat/)

Chapitre 1

Extraits de Côte d'Ivoire: Vives polémiques autour des frais d'inscription à l'université © Kanigui, Creative Commons
(http://www.globalvoicesonline.org/)
(7 août 2012)

La structure du lycée français
© http://www.education.gouv.fr/cid215/le-lycée.html

Drawings inspired by Le Cancre © Groupe scolaire Jean de la Fontaine, route de Thionville, 57970 Illange, FRANCE 03 82 56 50 96

«Le Cancre» (*Paroles*) de Jacques Prévert © Éditions GALLIMARD

L'école américaine - Jean © Yves Clady, Strasbourg

(http://yclady.free.fr/webzine.html)

Le système scolaire américain - Olivier © Yves Clady, Strasbourg (http://yclady.free.fr/webzine.html)

Bac, brevet: pourquoi vous ne trouverez pas votre résultat dans la presse et sur internet cette année? © http://www.category.net

L'annonce du résultat publique du bac © Pauline Pavot

Extrait de Livre papier vs livre numérique: lequel est le plus écolo?
© http://www.consoglobe.com/mr-livre-papier-vs-livre-numerique-lequel-est-le-plus-ecolo.html (2011)

Extrait de Pour la jeunesse, les livres numériques sont plus souvent interactifs et multimédia © http://www.livreshebdo.fr

Paperback books, Hardcover books © PC Pro (June 2011)

Chapitre 2

Le voyage d'Arnaud © Cora Olson

Pense-bête pour bien faire ses valises et préparer son voyage © Jean-Luc Mercier, Bergerac-France (18 juin 2010) (http://jean-luc-mercier.suite101.fr/preparer-son-voyage-pense-bete-pour-bien-faire-ses-valises-a14046)

Les types de graphiques © David Johnson

Photo of Arnaud © Mireille Jones (photographer), Quentin Harrison (pictured)

Photo of Haylie © Mireille Jones (photographer), Aubrey Roach (pictured)

Analyser un document © David Johnson

Voyage à Haïti © http://voyageforum.com

Sortir de l'ordinaire © http://www.voyageplus.net/pourquoi.html

Va-t-on nous demander notre poids pour voyager sur Air France?
© Ginette Villa

Les transports aériens en France © Eurostat 2011 (http://www.ec.europa.eu/eurostat/)

Chapitre 3

Dessins francophones © Megan Weghorst

Chômage, stages, précarité: les jeunes, ces «esclaves modernes»
© Hela Khamarou (http://www.rue89.com) (11 mars 2011)

Le personnel de vente refuse l'extension des horaires des magasins
© Le Syndicat interprofessionnel des travailleuses et travailleurs, Syndicat SIT: Valérie Balleys et Lara Cataldi, Syndicat Unia: Joël Varone. (Suisse)
(16 juin 2010)

Entretien avec Pierre-François Unger concernant l'ouverture des magasins à Genève © RTS Radio Télévision Suisse

Le télétravail © Ginette Villa

Pour ou contre le télétravail © RTS Radio Télévision Suisse

Part des sociétés pratiquant le télétravail selon le secteur d'activité © Eurostat 2011
(http://www.ec.europa.eu/eurostat/)

Chapitre 4

Une séance de speed-dating © David Johnson

Les qualités que je cherche © David Johnson

Photo of Haylie © Mireille Jones (photographer), Aubrey Roach (pictured)

L'invitation au mariage © David Johnson

Lettre d'amour © Jade Gardais (Pseudonyme lame-de-geisha)
(http://www.lame-de-geisha.skyrock.com/2065518446-lettre-d-amour.html)

La Saint-Valentin pour le mariage civil © Antoun Issa, Creative Commons
(http://www.globalvoicesonline.org/)(15 février 2009)

Emma Daumas Interview LCI.fr St Valentin © WAT TV (http://www.wat.tv/video/emma-daumas-interview-lci-1j9jm__2fyaf_.html)

Extrait de Du mariage arrangé au mariage d'amour de Kate Gavron © Terrain (terrain@revues.org)(septembre 1996)

Entretien audio avec Vincent Fabre, fondateur de Net Dating Assistant © FrenchWeb (http://frenchweb.fr/saint-valentin-netdatingassistant-coach-drague-en-ligne-60737/47976) (14 février 2012)

Mariages et divorces en Belgique © Eurostat 2011
(http://www.ec.europa.eu/eurostat/)

Chapitre 5

Le téléphone mobile © Futura Sciences, Creative Commons
(http://www.futurasciences.com/fr)

The many types of pronoms © Brittany Selden (content) and David Johnson (design)

Extrait de Garder vivantes les langues menacées de disparition, grâce à l'Internet
© mstem, Creative Commons (http://www.globalvoicesonline.org/)
(9 juillet 2012)

L'accès à Internet © Futura Sciences, Creative Commons
(http://www.futurasciences.com/fr)

Extrait audio 1 de l'émission De quoi je me mail © François Sorel, RMC Radio (http://www.rmc.fr/podcast/)(12 octobre 2012)

Peut-on vivre sans la technologie? © Éric Dupin, Presse Citron
(http://www.presse-citron.net/peut-on-vivre-sans-la-technologie)
(2 octobre 2008)

Extrait audio 2 de l'émission De quoi je me mail © François Sorel, RMC Radio (http://www.rmc.fr/podcast/)(5 octobre 2012)

Les exportations en haute technologie © Eurostat 2011
(http://www.ec.europa.eu/eurostat/)

Chapitre 6

98% des français ont déjà donné une seconde vie à un objet
© Notre Planète (http://www.notre-planete.info/)

Chère Aurore © Ministère du développement durable, environnement et parcs (http://www.mddep.gouv.qc.ca/jeunesse/chronique/2004/0410-jahia.htm)

Quelle est votre empreinte écologique? © WWF France, design
David Johnson (http://www.zanzibart.com/coccinelle/IMG/pdf/Lepoint_Cocci_17.pdf)

La mission du Programme des Nations Unies pour l'environnement
© http://www.unep.org/french/

Festival africain sur l'écologie et le développement durable
© Festival Écologie (http://festival-ecologie.com)(2009)

La cuisine moléculaire, une cuisine écolo? © Livenet (http://mag.livenet.fr/post/la-cuisine-moleculaire-une-cuisine-ecolo-3517.html)(24 février 2004)

Extrait de Comment nourrir la planète demain de Bruno Parmentier, Philippe Chalmin, Hervé Guyomard et Bernard Hubert © Francis Duriez, Rungis Actualités (http://www.rungisinternational.com/fr/bleu/enquetesrungisactu/CommentNourirLaPlanete.asp)

Autolib n'est ni écologique, ni révolutionnaire... © Europe écologie
(http://europeecologiecreteil.wordpress.com/2011/10/03/autolib-n%E2%80%99est-ni-ecologique-ni-revolutionnaire%E2%80%A6-catherine-calmet-en-seance-de-cm-creteil/) Source originale: http://www.creteil.eelv.fr
(3 octobre 2011)

Podcast Autolib' voit la vie en rose de JeanBrice Senegas © Frequence Terre (http://www.frequenceterre.com/chroniques-environnement-311012-3262-Autolib-voit-la-vie-en-rose.html#)(31 octobre 2012)

Tarifs Autolib' © http://www.paris.fr/pratique/voitures-deux-roues-motorises/autolib/les-tarifs-d-autolib/rub_10055_stand_106767_port_25189